Perlen der Weisheit

JIDDU KRISHNAMURTI

HERDER spektrum

Band 6209

Das Buch

Die Suche nach Spiritualität, nach Sinn und tieferer Sicht des Lebens, ist ungebrochen. Menschen heute, ob religiös gebunden oder auf der Suche, sind immer neu fasziniert von der Lebensweisheit spiritueller Traditionen.

Wie Perlen an einer Schnur eröffnet dieser Band anhand zentraler Stichworte das Denken von Jiddu Krishnamurti, der sich konsequent verweigerte, einen festen spirituellen Weg vorzugeben. Seine Texte, Gespräche und Vorträge sind wunderbare Lehrstücke und Anleitungen für eine unabhängige und dauernde innere Entwicklung des Einzelnen: „Leben ist: selbst herausfinden, was wahr ist, und das könnt ihr nur, wenn es Freiheit gibt, wenn es eine ständige innere Revolution gibt, in euch selbst." (Jiddu Krishnamurti)

Der Autor

Jiddu Krishnamurti, 1895–1986, Weisheitslehrer, wirkte mit seinen Vorträgen, Gesprächen und Büchern weltweit. Er gründete Schulen in seiner Heimat Indien, aber auch in Kalifornien und England. Seine Arbeit diente dem Ziel, „den Menschen absolut und bedingungslos frei zu machen."

Der Herausgeber

Dr. Richard Reschika, geb. 1962, lebt als freier Lektor, Autor und Übersetzer in Freiburg i. Br. Zahlreiche Publikationen und Hörfunk-Essays.

Perlen der Weisheit

Die schönsten Texte von

JIDDU KRISHNAMURTI

Herausgegeben
von Richard Reschika

HERDER

FREIBURG · BASEL · WIEN

www.herder.de

Umschlagkonzeption und -gestaltung:
R·M·E Eschlbeck / Hanel / Gober
Umschlagfoto: © plainpicture
Autorenfoto: Mark Edwards, © The Krishnamurti Foundation Trust Ltd.

Innengestaltung:
Weiß-Freiburg GmbH, Graphik & Buchgestaltung
www.weiss-freiburg.de

Herstellung:
fgb · freiburger graphische betriebe
www.fgb.de

Gedruckt auf umweltfreundlichem, chlorfrei gebleichtem Papier
Printed in Germany
ISBN 978-3-451-06209-4

INHALT

Einführung 7

Angst 17
Anstrengung 22
Aufmerksamkeit 27
Beziehungen 28
Denken 34
Disziplin 38
Ehe 44
Eifersucht 47
Einsamkeit 55
Erinnerungen 60
Erneuerung 62
Erziehung 66
Faulheit 72
Freiheit 74
Glückseligkeit 80
Handeln 82
Image 87
Intelligenz 91
Keuschheit 93
Kreativität 96
Liebe 100
Loslassen 107
Macht 111
Meditation 116
Religion 122

Schönheit 124
Selbsterkenntnis 130
Sex 135
Vergnügen 143
Verstehen 151
Verwirrung 152
Wirklichkeit 154
Worte 155

Quellen 156

EINFÜHRUNG

„Die Freiheit liegt darin,
Traditionen hinter sich zu lassen
und zu experimentieren."
(Jiddu Krishnamurti)

OB ES EINE hellsichtige Prophezeiung oder vielleicht doch nur ein blinder Zufall war, lässt sich nicht mit Bestimmtheit sagen. Fest steht, dass ein bekannter indischer Astrologe der Gegend, Kumara Shrow-Thulu, dem achten Kind einer Brahmanen-Familie kurz nach dessen Geburt, am 12. Mai 1895 im südindischen Madanapalle in der Provinz Andhra Pradesh, eine Karriere als großer Lehrer vorhergesagt hatte. Diese aber – wohlgemerkt – erst nach der Überwindung gewaltiger Hindernisse. Eine Beschreibung von Jiddu Krishnamurtis Lebensgang, wie sie auch nach dessen Tod nicht treffender hätte sein können! Es heißt, dass auch Sanjeevamma, Krishnamurtis Mutter, vor Jiddus Geburt die Vorahnung gehabt hätte, ihr achtes Kind (daher auch sein Name gemäß hinduistischer Tradition: „wiedergeborener Krishna") werde ein außergewöhnliches Wesen sein, und deshalb entgegen aller indischen Gepflogenheiten dieses im allein der religiösen Andacht vorbehaltenen Puja-Zimmer zur Welt brachte.

Prophezeiungen spielten auch in Krishnamurtis weiterem Leben eine bedeutende, wenngleich ihm nicht immer zu Segen und Glück gereichende Rolle. So erklärten die britischen Theosophen Charles Webster Leadbeater (1847-1934) und Annie Besant (1847-1933) bereits den vierzehnjährigen Jungen - unter anderem aufgrund seiner vermeintlich ungewöhnlich reinen, schönen Aura - zum allseits erwarteten neuen „Weltlehrer", zum „Lord Maitreya" oder Boddhisattva, der zugleich das Werk Helena Petrowna Blavatskys (1831-1891) fortführen sollte. Die Gründerin der Theosophischen Gesellschaft hatte schon im Jahre 1885 im *Schlüssel der Theosophie* erklärt: „Der Sendbote der Wahrheit wird eine vorbereitete Menschheit finden. Die Wahrheit wird eine Ausdrucksform finden, eine Organisation, die auf den Sendboten eingestellt ist, die ihm alle materiellen Hindernisse und Schwierigkeiten aus dem Wege räumt." Wie im Falle eines künftigen tibetischen Dalai Lamas wurde der Knabe - der offenbar über eine ganze Palette medialer Fähigkeiten verfügte, unter anderem Gedanken lesen konnte, aber auch die Heilungsgabe durch Handauflegen hatte, sich aber nichts darauf einbildete - ausgewählt, eingeweiht und entsprechend erzogen. Krishnamurtis okkulte Kräfte (Siddhis) sollten auch in seinen nächsten Lebensjahrzehnten von zahlreichen Menschen bezeugt werden, selbst wenn er ihnen, gemäß der indischen Tradition, kaum Beachtung schenkte, um sein eigentliches Ziel, die mystische Vereinigung mit der göttlichen Quelle, nicht aus den Augen zu verlieren.

Mit Erlaubnis seines Vaters Narayaniah, der einer der ältesten Mitglieder der Theosophischen Gesellschaft war und eine feste Anstellung im Zentrum in Adyar hatte, übernahm Leadbeater die Erziehung des Jungen, während Besant das Sorgerecht zugesprochen bekam. 1912 wurden der schüchtern-zurückhaltende Jiddu und sein jüngerer Bruder Nitya – ihre Mutter war inzwischen verstorben – zur Ausbildung nach England geschickt. Noch im selben Jahr klagte der Vater aber gerichtlich gegen Besant auf Zurückgabe seines Sohnes und Aufhebung der Adoption, verlor jedoch in zweiter Instanz.

Ein Jahr zuvor gründete George Sidney Arundale (1878–1945) mit Zustimmung Besants den *Order of the Star in the East*, zu dessen Oberhaupt man Krishnamurti ernannte. Zentrale Aufgabe des Sternordens war es, den Weg für die Wiederkunft des Weltlehrers im 33. Lebensjahr Krishnamurtis zu ebnen, denn man glaubte, dass der Weltlehrer ein Mensch sei, der „im 33. Lebensjahr, gleich Jesus, vom Christus überschattet" würde. Unter den Titel *Risse im Schleier der Zeit* veröffentlichte Leadbeater in der Zeitschrift *Theosophist* eine Artikelserie über die früheren Leben des Jungen zurück bis zum Jahre 21000 v. Chr. Auf den Protest Rudolf Steiners (1861–1925) hin, des damaligen Generalsekretärs der Deutschen Sektion, gegen die Ausbreitung des Ordens in seinem Geschäftsbereich, kam es schließlich zum Bruch mit den Theosophen und zur Gründung der Anthroposophischen Gesellschaft 1912.

Auch Krishnamurti selbst entfernte sich spätestens seit seinem 33. Lebensjahr von den messianischen Vorstellungen der Ordensmitglieder und dem ganzen Rummel um seine Person. Im Gegenzug lehrte Krishnamurti, der selbstständig in der Öffentlichkeit aufzutreten begann, dass der Weg zur Wahrheit nicht über spirituelle Autoritäten und Organisationen beschritten werden könne. 1929 löste Krishnamurti – zum Entsetzen seiner theosophischen Förderer und Anhänger – darum auch die eigens für ihn gegründete Organisation auf und trat ein Jahr später sogar aus der Theosophischen Gesellschaft aus.

In einer denkwürdigen, für die damalige Zeit durchaus rebellischen Rede vor rund 3000 Sternorden-Mitgliedern sagte er: „Ich behaupte, dass die Wahrheit ein pfadloses Land ist und dass es keine Pfade gibt, die zu ihr hinführen – keine Religionen, keine Sekten. Das ist mein Standpunkt, den ich absolut und bedingungslos vertrete. Die Wahrheit ist grenzenlos, sie kann nicht konditioniert, sie kann nicht auf vorgegebenen Wegen erreicht und daher auch nicht organisiert werden. Deshalb sollten keine Organisationen gegründet werden, die die Menschen auf einen bestimmten Pfad führen oder nötigen. Wenn ihr das einmal verstanden habt, werdet ihr einsehen, dass es vollkommen unmöglich ist, einen Glauben zu organisieren. Der Glaube ist eine absolut individuelle Angelegenheit und man kann und darf ihn nicht in Organisationen pressen. Falls man es tut, wird es zu etwas Totem, Starrem; er wird zu Gier, zu einer Sekte, einer Religion, die anderen aufgezwungen wird... Ich möchte keiner spirituellen Organisation, ganz gleich welcher Art, angehören, und bitte euch, das zu verstehen... Ich will keine Jünger oder Anhänger... In dem Moment, in dem man beginnt, jemandem zu folgen, hört man auf, der Wahrheit zu folgen." (Zitiert nach Pupul Jayakar, Krishnamurti. Leben und Lehre, Verlag Hermann Bauer, Freiburg im Breisgau 1988, S. 86f) Krishnamurti zerbrach bewusst sein Image als kommender Messias und wurde zunehmend als spiritueller Philosoph betrachtet. Eine Tat, mit der er sich selbst „revolutionierte" und die als Zeichen seiner absoluten Ernsthaftigkeit und Glaubwürdigkeit gelten kann. Seitdem wird er von vielen zugleich als der „religiöseste Religionskritiker, den es je gegeben hat", tituliert.

Zwischen den Jahren 1933 und 1939 reiste er mehrmals nach Indien, wo er jeweils vor großen Menschenmengen sprach. Die Zeit während des Zweiten Weltkriegs verbrachte Krishnamurti zurückgezogen in Ojai, einer Kleinstadt im Ventura County, 110 Kilometer nordwestlich von Los Angeles in Kalifornien (USA).

Was jedoch folgte, war eine breitangelegte und sehr erfolgreiche Reise- und Vortragstätigkeit, die besonders in den 1970er- und 80er-Jahren Menschen verschiedenster Konfessionen und sozialer Schichten aus aller Welt anzog und zu begeistern vermochte. Und so besteht auch der überwiegende Teil der Literatur Krishnamurtis aus auf Englisch gehaltenen Vorträgen und niedergeschriebenen Gesprächen mit seinen Besuchern. Seit 1961 sprach Krishnamurti auch jährlich mehrere Wochen in Saanen (Schweiz). Durch seine Tagungen in der Schweiz konnte er auch im deutschsprachigen Raum eine größere Anhängerschaft gewinnen. Krishnamurti starb am 17. Februar 1986 im Alter von 90 Jahren in Ojai an Bauchspeicheldrüsenkrebs.

Viele bekannte Persönlichkeiten wie die Schriftsteller George Bernard Shaw und Aldous Huxley, der Dirigent Leopold Stokowski, die Politiker Jawaharlal Nehru und Indira Gandhi oder der Quantenphysiker David Bohm standen mit ihm in freundschaftlichem Kontakt. Bohm begründete in England die Krishnamurti-Schule Brockwood-Park mit. Weitere Schulen, die seinen Namen tragen, finden sich in Indien und in den USA, vor allem in Kalifornien.

Was ist nun die Botschaft der Lehre Krishnamurtis, den viele – noch vor einem Sri Ghose Aurobindu, Swami Paramahansa Yogananda, Maharishi Mahesh Yogi oder Osho – als den geheimnisvollsten spirituellen Lehrer, als „Sphinx des 20. Jahrhunderts“ betrachten und – vielleicht allzu vorschnell – in die

Reihe jener großen Vertreter einer Philosophia perennis stellen, der es – jenseits aller kulturellen oder religiösen Schranken – um allgemeingültige, immerwährende Wahrheiten über Gott, den Menschen und die Natur geht?

Einigen seiner Grundgedanken sind wir bereits in der zitierten Auflösungsrede des Sternordens begegnet: Die Wahrheit ist ein Land ohne vorgegebene Wege, das heißt, keine Theorie, keine Methode, keine Religion – einschließlich des esoterischen Weltbildes – und auch keine Lehrer, keine Gurus können zur Wahrheit führen, vielmehr ist jeder für seinen spirituellen Weg selbst verantwortlich. Sogar das, was Krishnamurti gesagt hat, sollten seine Zuhörer und Leser bezweifeln, denn nur das Selbsterkannte, das Selbsterfahrene – und keinesfalls das Angelesene – verschaffe wirkliche Einsicht und schütze einen davor, einer Ideologie auf den Leim zu gehen. Dergestalt wollte Krishnamurti seine Aussagen als bloße Anregungen verstanden wissen, sich selbst auf die Wahrheitssuche zu begeben, die Wahrheit des je eigenen Lebens zu finden: „Schaffen Sie sich bitte kein Bild vom Sprecher. Der Sprecher ist nicht sehr wertvoll – was bedeutungsvoll ist, ist das, was er sagt..."

In diesem Zusammenhang lehnte Krishnamurti auch das Mönch- oder Priestertum, gleich welcher religiösen Tradition auch immer, entschieden ab, wie es in *Welt des Friedens* von 1985 heißt: „Waren Sie je in einem Kloster? Nein? Ich war mal in einem, nur um zu beobachten. Und ich beobachtete und hörte zu: Ich saß da und tat die Dinge, die sie taten. Es ist wirklich eine grausame Angelegenheit, ein Gelübde des Schweigens abzulegen und nie mehr zu sprechen... Niemals eine Frau anzuschauen!... Niemals einem anderen mitzuteilen, was Sie empfinden... Die Menschen quälen sich im Namen Gottes, im

Namen des Dienstes, um Erleuchtung zu finden, um in den Himmel zu kommen. Das ist eine furchtbar peinigende und quälende Angelegenheit."

Alle Formen der Selbstkasteiung, aber auch der spirituellen Exerzitien, waren Krishnamurti höchst suspekt, weil er darin nicht nur einen „Handel mit Gott" sah, sondern „Erleuchtung" generell für ihn ein „nicht-machbares" Geschehen darstellte. Der Glaube, mit Hilfe von Gebeten, Mantras oder asketischer Disziplinen zur letzten Wirklichkeit zu gelangen, erschien Krishnamurti naiv und völlig nutzlos: „Das Gebet ist ein Flehen und Bitten, und das ist höchst unreif. Sie beten nur, wenn Sie in einer schwierigen Lage sind; ein glücklicher Mensch betet nicht. Nur der leidbeladene Mensch betet, der Mensch, der um etwas bittet oder der etwas zu verlieren fürchtet.", lesen wir beispielsweise in *Das Tor zu Neuem Leben* von 1981. Eher noch würde der Weg des Zweifelns den Menschen zum „Ziel" führen, zu jener lebendigen, ewigen Wirklichkeit, die Krishnamurti – in Ermangelung anderer Begriffe – zuweilen „Gott" nannte!

Sehr wohl betrachtete Krishnamurti aber in der Meditation, wie er sie selbst verstand, eine Tür zum Unermesslichen: „Meditation ist ein Handeln, das eintritt, wenn der Geist seinen kleinen Raum verloren hat. Dieser unendliche Raum, den der Geist, das Ich, nicht erreichen kann, ist Stille. Der Geist kann nie in sich selbst still sein; er ist nur still in dem unermesslichen Raum, den das Denken nicht berühren kann. Aus dieser Stille kommt ein Handeln, das nicht aus dem Denken hervorgeht. Diese Stille ist Meditation."

Um zu vollständiger geistiger Freiheit zu gelangen – an die der Mystiker Krishnamurti, der vor allem dem Buddha nahe stand, fest glaubte –, müsse der Mensch vor allem seinen eigenen Geist und seine Reaktionsweisen aufmerksam beobachten. Auch der Beseitigung von menschlichen Konflikten müsse zunächst eine geistige Transformationsarbeit, eine radikale Umwandlung vorausgehen, zumal alle Missstände im Äußeren letzten Endes nur Auswirkungen innerer Zustände seien.

Vor allem unsere vorurteilsbeladenen Konditionierungen durch Tradition, Religion, Nationalität usw. gelte es zu durchschauen und zu überwinden: „Es wird immer klarer, dass nicht Umweltprobleme, Hungertod und Armut oder die allgemeine Ungerechtigkeit das eigentliche Anliegen sind, sondern die Tatsache, dass die Menschen selber mehr und mehr zum Terror dieser Welt werden. Es sind Menschen, die einander zerstören. Sie spalten sich durch zerstörerische trennende Vorgänge in Klassen und Nationalitäten... Wir sind zu einer gegenseitigen Gefahr geworden; denn uns trennen die organisierten Religionen, die Glaubensbekenntnisse und Dogmen mit ihren Ritualen, dieser ganze Unsinn. Kriege, Kriegsvorbereitungen und Atombomben – Sie alle kennen den Schrecken dieser Welt... Warum sind wir nach Jahrmillionen der Evolution, in denen wir enormes Wissen und Erfahrung angesammelt haben, immer noch dieselben?“ Und auch wenn Krishnamurti kein Patentrezept auf diese selbst aufgeworfene Frage parat hatte, lehrte er seine Zuhörer, sich selbst wie in einem Spiegel zu betrachten und eigene Antworten zu finden.

Ein weiterer zentraler Punkt von Krishnamurtis „Lehre“ ist die Infragestellung des Ich beziehungsweise des Ego, das er als ein bloßes Konstrukt des Denkens entlarvt und das „in sich selbst keine Realität“ besitzt. Desgleichen betont Krishnamurti immer wieder die Unzulänglichkeit des analytischen, das heißt seiner Natur nach trennenden Denkens, einschließlich des naturwissenschaftlich-technischen Denkens, das trotz seiner offenkundigen Erfolge niemals die ganze Wirklichkeit sein könne, und damit die Gefährlichkeit von vermeintlich weltverbessernden Ideen und Idealen, die ebenfalls nur der Ratio entspringen.

Einen besonderen Stellenwert maß Krishnamurti der Frage nach der Erziehung bei, deren eigentliche Aufgabe es sei, „dem Schüler (zu) helfen, alle gesellschaftlichen Unterscheidungen und Vorurteile zu erkennen und bei sich niederzureißen", statt nur einseitigen Wissenserwerb zu vermitteln und eine möglichst konfliktfreie Einordnung in die Mechanismen der Gesellschaft mit ihren Werten und Traditionen zu garantieren: „Was ist Erziehung? Es ist im Wesentlichen die Kunst des Lernens, nicht nur aus Büchern, sondern durch die ganze Bewegung des Lebens... Bücher sind wichtig, aber weit wichtiger ist es, jenes Buch, das Ihre eigene Geschichte ist, zu studieren, denn Sie sind die ganze Menschheit. Dieses Buch zu lesen ist die Kunst des Lernens." Damit forderte Krishnamurti in seiner Pädagogik lange Zeit vor Aufkommen des so genannten „holistischen Denkens" einen ganzheitlichen Ansatz: Jedes Kind müsse in der Würde seiner einzigartigen Ganzheit erzogen werden, um sein wahres inneres Wesen entfalten und mit der äußeren Ganzheit in ein harmonisches Wechselspiel treten zu können.

Was das Denken und das Wesen Krishnamurtis jedoch mehr als alles andere bestimmte, war die Heiligkeit des Ewigen und – damit verbunden – die Ehrfurcht vor der Schöpfung. Eine unmissverständliche Stellung bezog der Weisheitslehrer, wenn es um den Umwelt- und Naturschutz ging, was für ihn auch das Gebot einschloss, sich vegetarisch zu ernähren.

Das vorliegende Buch bietet einen repräsentativen Querschnitt durch Jiddu Krishnamurtis umfangreiche – für viele unerwartet klare, ja geradezu sachlich-nüchtern gehaltene – Vortrags- und Diskussionstätigkeit, die dem Zusammenhang von Leben und Spiritualität nachspürt: Brillante Essays stehen neben gleichermaßen eloquenten wie tiefschürfenden Vorträgen und Gesprächsausschnitten mit Zuhörern und Schülern.

Dieses Buch vereinigt vor allem Auszüge aus folgenden im Verlag Herder erschienenen Werken: *Liebe gleicht dem Duft der Rose* (2000), *Jenseits der Bilder und Worte. Beziehungen verstehen und verwandeln* (2003), *Das Wesentliche ist einfach. Antworten auf Fragen des Lebens* (2005) sowie *Der Spiegel der Liebe. Begehren, Zärtlichkeit und Keuschheit* (2007), und damit einen Überblick aus sechs Lebensjahrzehnten des Meisters, über den der Schriftsteller Henry Miller einmal sagte: „Niemanden würde ich lieber kennen lernen als Krishnamurti. Seine Laufbahn, einzigartig in der Geschichte spiritueller Führer, erinnert an das berühmte Gilgameschepos."

Richard Reschika

ANGST

WAS IST ANGST? Angst existiert nur in Beziehung zu etwas, sie existiert nicht für sich selbst. Angst kommt auf in Beziehung zu einer Idee, einer Person, durch den Verlust von Besitz und so weiter. Man kann Angst vor dem Tod haben, weil er das Unbekannte ist. Es gibt die Angst vor der öffentlichen Meinung oder vor dem, was die Leute sagen, Angst, einen Job zu verlieren, Angst, gescholten oder bedrängt zu werden. Es gibt verschiedene Formen der Angst, tiefe und oberflächliche, doch jede Angst steht in Beziehung zu irgendetwas. Wenn wir fragen; „Kann ich frei von Angst sein?", bedeutet das eigentlich: „Kann ich frei von allen Beziehungen sein?" Verstehen Sie? Wenn eine Beziehung Angst verursacht, dann ist die Frage, ob man frei von Angst sein kann, wie die Frage, ob man in Isolation leben kann. Offensichtlich kann das kein Mensch. Es gibt kein Leben in Isolation, man kann nur in Beziehung leben. Um frei von Angst zu sein, muss man die Beziehung verstehen, die Beziehung des Geistes zu seinen eigenen Ideen, zu gewissen Werten, die Beziehung zwischen Mann und Frau, zwischen dem Menschen und seinem Besitz, zwischen dem Menschen und der Gesellschaft. Wenn ich meine Beziehung zu Ihnen verstehen kann, dann liegt keine Angst darin, denn Angst existiert nicht allein, sie ist selbst erzeugt in der Beziehung. Unser Problem ist also nicht, wie wir die Angst überwinden, sondern zunächst herauszufinden, wie unsere Beziehung zum jetzigen Zeitpunkt aussieht und was die richtige Beziehung ist. Wir brauchen die richtige Beziehung nicht aufzubauen, denn sie ergibt sich von selbst, wenn wir verstehen, was Beziehung ist.

Es ist wichtig zu sehen, dass nichts in Isolation leben kann. Selbst wenn Sie ein Mönch oder Einsiedler werden, ein Lendentuch umbinden und sich zurückziehen, sich in Ihrem Glauben isolieren, kann doch kein Mensch in Isolation leben. Doch der Geist verfolgt die Isolation in der Selbstabkapselung, wenn er „meine Erfahrung", „mein Glaube", „meine Frau", „mein Mann", „mein Eigentum" denkt, und das ist ein Prozess des Ausschließens. Der Geist sucht die Isolation in all seinen Beziehungen, und deshalb hat er Angst. Unser Problem ist also zu verstehen, was Beziehung ist.

Was ist Beziehung? Wenn Sie sagen: „Ich bin in einer Beziehung", was bedeutet das? Abgesehen von der rein körperlichen Beziehung durch Berührung, durch Blutsverwandtschaft, durch Vererbung basieren unsere Beziehungen auf Ideen. Wir untersuchen hier das, was ist, nicht das, was sein sollte. Unsere derzeitigen Beziehungen basieren auf Ideen, auf Konzepten, auf dem, was wir für Beziehung halten. Das heißt, unsere Beziehung zu allem ist ein Zustand der Abhängigkeit. Ich glaube an eine bestimmte Idee, weil dieser Glaube mir Trost, Sicherheit, ein Gefühl des Wohlbefindens gewährt, er wirkt als ein Mittel der Disziplinierung, der Kontrolle, er vermag meine Gedanken zu ordnen. Meine Beziehung zu dieser Idee basiert also auf Abhängigkeit, und wenn Sie den Glauben daran wegnehmen, bin ich verloren; ich weiß dann nicht, wie ich denken soll, wie ich etwas bewerten soll. Ohne den Glauben an Gott oder an die Idee, dass es keinen Gott gibt, fühle ich mich unsicher, also bin ich abhängig von diesem Glauben.

Ist unsere Beziehung nicht ein Zustand psychischer Abhängigkeit? Ich spreche nicht von physischer Abhängigkeit, die etwas ganz anderes ist. Ich bin von meinem Sohn abhängig, weil ich will, dass er etwas ist, was ich nicht bin. Er ist die Erfüllung all meiner Hoffnungen, meiner Wünsche, er ist meine Unsterblichkeit, mein Fortleben. So ist meine Beziehung zu meinem Sohn, meiner Frau, meinen Kindern, meinen Nachbarn ein Zustand psychischer Abhängigkeit, und ich habe Angst, in einem Zustand zu sein, in dem es keine Abhängigkeit gibt. Ich weiß nicht, was das bedeutet, deshalb bin ich von Büchern, von Beziehungen, von der Gesellschaft abhängig; ich bin abhängig von Besitz, der mir Sicherheit, eine gesellschaftliche Stellung, Prestige garantiert. Und wenn ich von keinem dieser Dinge abhängig bin, dann bin ich von den Erfahrungen abhängig, die ich gemacht habe, von meinen eigenen Gedanken, von der Großartigkeit meiner eigenen Bestrebungen.

Auf geistiger, psychologischer Ebene basieren also unsere Beziehungen auf Abhängigkeit, und deshalb haben wir Angst. Das Problem ist nicht, wie wir unabhängig werden können, sondern einfach die Tatsache zu sehen, dass wir abhängig sind. Wo Abhängigkeit besteht, da ist keine Liebe. Weil Sie nicht zu lieben verstehen, sind Sie abhängig, und daher kommt die Angst. Es kommt also darauf an, die Tatsache zu sehen und nicht zu fragen, wie man liebt oder wie man frei von Angst sein kann; Sie mögen vorübergehend Ihre Angst vergessen durch verschiedene Vergnügungen, durch Radio hören, durch das Lesen der heiligen Schriften oder in den Tempel oder die Kirche gehen, aber das sind alles Fluchtwege. Es besteht kein großer Unterschied zwischen einem Menschen, der Alkohol trinkt, und einem Mann, der zu religiösen Büchern Zuflucht nimmt, zwischen denen, die in das so genannte Gotteshaus gehen, und denen, die ins Kino gehen, denn sie alle sind auf der Flucht. Aber wenn Sie, während Sie zuhören, wirklich die Tatsache sehen, dass eine Beziehung gegenseitiger Abhängigkeit Angst und Schmerz verursacht und dass in einer solchen Beziehung keine Liebe sein kann, dann brauchen Sie nur diese einfache Tatsache zu sehen und sie augenblicklich zu verstehen, und Sie werden feststellen, dass etwas Außerordentliches geschieht. Nehmen Sie, ohne sie zu widerlegen oder zu akzeptieren oder Meinungen darüber zu äußern, ohne dies oder jenes zu zitieren, nur einfach die Tatsache in sich auf, dass dort, wo eine Gebundenheit existiert, keine Liebe ist und dort, wo Abhängigkeit ist, Angst herrscht. Ich spreche von psychischer Abhängigkeit, nicht von der Abhängigkeit vom Milchmann, Ihnen Milch zu bringen, oder Ihrer Abhängigkeit von der Eisenbahn oder einer Brücke. Es ist diese innere psychische Abhängigkeit von Ideen, von Menschen, von Eigentum, die Angst hervorruft. Sie können also nicht von Angst frei sein, solange Sie die Beziehung nicht verstehen, und Beziehung kann nur verstanden werden, wenn der Geist alle seine Beziehungen beobachtet. Dies ist der Anfang der Selbsterkenntnis.

Können Sie nun dem allen einfach zuhören, ohne sich zu bemühen? Ein Bemühen existiert nur, wenn Sie versuchen, etwas zu bekommen, wenn Sie versuchen, etwas zu sein. Doch wenn Sie gar nicht erst versuchen, von Angst frei zu sein, sondern vielmehr die Tatsache akzeptieren, dass Abhängigkeit die Liebe zerstört, dann wird genau diese Tatsache den Geist sofort von Angst befreien. Man kann nicht frei von Angst sein, solange man Beziehung nicht versteht, was bedeutet: solange es keine Selbsterkenntnis gibt. Das Selbst wird nur in der Beziehung offenbart. Während ich beobachte, wie ich mit meinem Nachbarn spreche, wie ich meinen Besitz betrachte, wie ich mich an einen Glauben oder an Erfahrung oder an Wissen klammere – das heißt: im Entdecken meiner eigenen Abhängigkeit –, beginne ich mich dem ganzen Prozess der Selbsterkenntnis zu öffnen.

Es kommt also nicht darauf an, die Angst zu überwinden. Sie können einen Drink nehmen und sie vergessen. Sie können in die Kirche oder den Tempel gehen oder sich in Verneigungen, im Murmeln von Wörtern oder in Andacht verlieren, doch die Angst wartet schon hinter der nächsten Ecke. Das Ende der Angst kommt nur, wenn Sie Ihre Beziehung zu allen Dingen verstehen, und dieses Verstehen ist ohne Selbsterkenntnis nicht möglich. Selbsterkenntnis ist nicht etwas in der Ferne, sie beginnt hier und jetzt, im Beobachten, wie Sie andere Menschen, Ihre Frau, Ihre Kinder behandeln. Beziehung ist der Spiegel, in dem Sie sich so sehen, wie Sie sind. Wenn sie fähig sind, sich selbst zu betrachten, wie Sie sind, ohne Bewertung, dann endet die Angst, und daraus erwächst ein außerordentliches Gefühl der Liebe. Liebe ist etwas, das nicht kultiviert werden kann; Liebe ist nicht etwas, das geistig erworben werden kann. Wenn Sie sagen: „Ich werde mich in Barmherzigkeit üben", dann ist Barmherzigkeit eine Sache des Verstandes und hat nichts mit Liebe zu tun. Liebe wird ins Leben gerufen, unwissentlich und in ihrer ganzen Fülle, wenn wir diesen ganzen Prozess der Beziehung verstehen. Dann ist der Geist still, er füllt nicht mehr das Herz mit den Dingen des Verstandes, und so kann das, was Liebe ist, sich offenbaren.

ANSTRENGUNG

HABEN SIE SICH je gefragt, warum Leute alle Lebensfreude zu verlieren scheinen, wenn sie älter werden? Gegenwärtig sind die meisten von Ihnen, die jung sind, ziemlich glücklich. Sie haben Ihre kleinen Probleme; es gibt Prüfungen, die Ihnen zu schaffen machen; aber trotz dieser Schwierigkeiten haben Sie an Ihrem Leben doch Freude, nicht wahr? Sie gehen spontan und leicht auf das Leben ein; Sie haben einen unbeschwerten und glücklichen Blick für die Dinge. Und wie kommt es, dass wir diese freudige Ankündigung von etwas, das jenseits ist, das von größter Bedeutung ist, zu verlieren scheinen, wenn wir älter werden? Warum werden so viele von uns, wenn wir älter und sozusagen reifer werden, trübe, unempfänglich für Freude, für Schönheit, für den weiten Himmel und die wunderbare Erde?

Wissen Sie, wenn man sich diese Frage selbst stellt, tauchen im Geist viele Erklärungen auf. Wir sind ganz mit uns selbst beschäftigt, ist eine Erklärung. Wir bemühen uns, jemand zu werden, eine bestimmte Position einzunehmen und zu behalten; wir haben Kinder und sind auch sonst verantwortlich, und wir müssen Geld verdienen. Wir sind von all diesen Äußerlichkeiten bald niedergedrückt und verlieren so die Lebensfreude. Schauen Sie in ältere Gesichter um sich herum, sehen Sie, wie traurig die meisten von ihnen sind, wie sorgenvoll, ja krank, wie in sich zurückgezogen, unnahbar und manchmal neurotisch und ohne ein Lächeln sie sind. Fragen Sie sich nicht selbst, warum? Und selbst wenn wir nach dem „Warum" fragen, scheinen die meisten von uns mit bloßen Erklärungen zufrieden zu sein.

Gestern Abend sah ich ein Boot unter vollen Segeln den Fluss aufwärts fahren, vom Westwind getrieben. Es war ein großes Boot, das schwer mit Feuerholz für die Stadt beladen war. Die Sonne ging gerade unter, und dieses Boot vor dem Himmel war erstaunlich schön. Der Bootsmann steuerte es nur, es machte keine Mühe, denn der Wind tat die ganze Arbeit. Falls, auf ähnliche Weise, jeder von uns das Problem von Anstrengung und Konflikt verstehen könnte, dann denke ich, würden wir in der Lage sein, mühelos, glücklich, mit einem Lächeln auf unserem Gesicht zu leben.

Ich denke, es ist das Abmühen, das uns zerstört, diese Anstrengung, in der wir nahezu jeden Augenblick unseres Lebens verbringen. Wenn Sie die älteren Leute um sich herum beobachten, werden Sie sehen, für die meisten von ihnen ist das Leben eine Kette von Kämpfen: gegen sich selbst, gegen ihre Frauen oder Männer, gegen ihre Nachbarn, gegen die Gesellschaft; und dieser endlose Hader zerstreut die Energie. Der Mensch, der fröhlich, der wirklich glücklich ist, ist nicht Gefangener seiner Bemühungen. Ohne Mühe zu leben heißt nicht, dass Sie stagnieren, dass Sie dumpf und dumm sind; im Gegenteil. Es ist nur der Weise, der außergewöhnlich Intelligente, der wirklich frei von Mühen und Anstrengung ist.

Aber wissen Sie, wenn wir von Mühelosigkeit hören, wollen wir so sein; wir wollen einen Zustand erreichen, in dem wir keinen Streit und keinen Konflikt haben; also machen wir uns das zum Ziel, zum Ideal, und streben es an – und sobald wir das tun, haben wir die Lebensfreude verloren. Erneut sind wir Gefangene unserer Bemühungen und Anstrengung. Das Ziel der Anstrengung ändert sich, aber jede Anstrengung ist im Wesentlichen die gleiche. Jemand strengt sich vielleicht an, um soziale Reformen herbeizuführen oder Gott zu finden, oder er bemüht sich um ein besseres Verhältnis zu Frau oder Mann oder zum Nachbarn, ein anderer mag am Ufer des Ganges sitzen, einem Guru zu Füßen liegen, und so fort. Alles das ist Bemühung, Anstrengung. Wesentlich ist also nicht das Ziel der Anstrengung, sondern das Verstehen der Anstrengung selbst.

Ist es dem Geist nun möglich, sich nicht nur gelegentlich eines Augenblicks, der ohne Anstrengung ist, bewusst zu sein, sondern zu jeder Zeit vollkommen frei von Anstrengung zu sein, damit er einen Zustand der Freude entdeckt, in welchem es keinen Sinn für Höherrangiges und Minderwertiges gibt?

Unsere Schwierigkeit besteht darin, dass sich der Geist minderwertig fühlt und sich deshalb anstrengt, etwas zu sein oder zu werden oder die Widersprüche zwischen seinen verschiedenen Wünschen zu überbrücken. Wir wollen aber nicht Erklärungen dafür geben, warum der Geist voller Konflikte ist. Jeder denkende Mensch weiß, warum wir uns nach außen hin und auch im Inneren anstrengen. Unser Neid, unsere Habgier, unser Ehrgeiz und unser Konkurrenzkampf führen zu unbarmherziger Effizienz – und sind offensichtlich die Faktoren, die unseren Anstrengungen zugrunde liegen, ob in dieser Welt oder in der kommenden. Wir brauchen also keine psychologischen Bücher zu studieren, um zu erkennen, warum wir kämpfen; es ist vielmehr wichtig, herauszufinden, ob der Geist vollkommen frei von Anstrengung sein kann.

Schließlich ergibt sich aus unseren Anstrengungen ein Widerspruch zwischen dem, was wir sind, und dem, was wir sein sollten oder sein möchten. Kann man nun, ohne Erklärungen abzugeben, den ganzen Vorgang der angestrengten Auseinandersetzung verstehen, damit er beendet wird? Kann der Geist frei von Anstrengung sein, wie das Boot, das mit dem Wind segelt? Sicherlich ist das die entscheidende Frage, und nicht die, wie wir einen Zustand erreichen können, in dem es keine Anstrengungen gibt. Bereits die Bemühung, einen solchen Zustand zu erreichen, ist Anstrengung, und deshalb wird dieser Zustand nie erreicht. Falls Sie dagegen von Augenblick zu Augenblick beobachten, wie der Geist sich in den ewigen Anstrengungen verfängt – falls Sie einfach das Faktum beobachten, ohne es ändern zu wollen, ohne dem Geist einen bestimmten Zustand aufzwingen zu wollen, den Sie Frieden nennen –, werden Sie feststellen, dass der Geist spontan aufhört, sich anzustrengen; und in diesem Zustand kann er enorm lernen. Lernen ist dann nicht einfach der Vorgang der Informationsspeicherung, sondern eine Entdeckung jener außergewöhnlichen Reichtümer, welche den Horizont des Geistes übersteigen – und der Geist, der diese Entdeckung macht, hat Freude.

Beobachten Sie sich selbst und Sie werden sehen, wie angestrengt Sie morgens bis abends sind, und wie Ihre Energie in dieser Anstrengung verschwendet wird. Wenn Sie nur erklären, warum Sie sich anstrengen, verlieren Sie sich in Erklärungen und der Kampf geht weiter; falls Sie allerdings Ihren Geist sehr still beobachten, ohne etwas zu erklären, falls Sie einfach den Geist seinen eigenen Kampf wahrnehmen lassen, werden Sie bald finden, dass sich ein Zustand frei von aller Anstrengung, aber von erstaunlicher Wachsamkeit ergibt. In diesem Zustand der Wachsamkeit gibt es keinen Sinn für das Höherrangige und das Minderwertige, es gibt keinen wichtigen Mann oder kleinen Mann, es gibt keinen Guru. All diese Absurditäten sind vorbei, weil der Geist voll erwacht ist, und der voll erwachte Geist ist freudig.

AUFMERKSAMKEIT

IST ES ALSO möglich, frei zu sein und überhaupt nichts auf der seelischen Ebene aufzuzeichnen? Das ist nur möglich, wenn es vollständige Aufmerksamkeit gibt. Wenn umfassende wache Bewusstheit besteht, gibt es keine Aufzeichnungen. Ich weiß nicht, warum wir Erklärungen wollen oder warum unsere Gehirne nicht rasch genug arbeiten, um diese ganze Sache sofort zu begreifen, zu erfassen. Wie kommt es, dass wir nicht die Wahrheit dessen sehen und diese Wahrheit arbeiten lassen, um reinen Tisch zu machen und ein Gehirn zu haben, das auf der psychischen Ebene nichts speichert? Aber die meisten Menschen sind bequem und behäbig, sie ziehen es vor, in ihren alten Mustern zu leben, in ihren speziellen Gedankenmustern. Alles Neue weisen sie zurück, weil sie meinen, dass es viel besser sei, mit dem zu leben, was sie kennen, als mit dem, was ihnen noch unbekannt ist. Im Altbekannten steckt Sicherheit – zumindest meinen sie, dass dort Sicherheit und Schutz sei –, also fahren sie damit fort, im Feld dessen, was ihnen vertraut ist, zu wiederholen, zu arbeiten und zu kämpfen. Können wir ohne den ganzen Prozess und ohne die Maschinerie des funktionierenden Gedächtnisses beobachten, schauen?

BEZIEHUNGEN

DAS LEBEN IST ein Prozess der unablässigen Bewegung von Beziehungen, und ohne zu verstehen, was Beziehung ist, werden wir nur Verwirrung und Zwietracht heraufbeschwören, und all unser Bemühen wird vergeblich sein. Deshalb ist es wichtig zu klären, was wir unter Beziehung verstehen, denn die Gesellschaft wurde aus Beziehungen aufgebaut, und innerhalb der Gesellschaft ist keine Isolation möglich. Man kann nicht isoliert leben. Was isoliert ist, wird bald zugrunde gehen.

Unser Problem ist also, was wir unter Beziehung verstehen. Wenn wir die Beziehung, das Verhalten zwischen Menschen, sei es intim oder distanziert, verstehen, dann werden wir auch beginnen, den ganzen Prozess der Existenz und den Konflikt zwischen Abhängigkeit und Unabhängigkeit zu begreifen. Wir müssen also sehr sorgfältig untersuchen, was wir unter Beziehung verstehen. Ist die Beziehung heutzutage nicht ein Prozess der Abkapselung und deshalb ein ständiger Konflikt? Die Beziehung zwischen Ihnen und einem anderen, zwischen Ihnen und Ihrer Frau, zwischen Ihnen und der Gesellschaft ist das Produkt dieser Isolation. Unter Isolation verstehe ich, dass wir unaufhörlich Sicherheit, Zufriedenheit und Macht suchen.

Schließlich sucht jeder Einzelne von uns Befriedigung in der Beziehung zu einem anderen; und wo die Suche nach Behagen, nach Sicherheit existiert, sei es in einer Nation oder in einem

Individuum, ist Isolation die Folge, und was in Isolation lebt, fordert Konflikt heraus. Alles, was Widerstand leistet, führt zwangsläufig zum Konflikt zwischen sich selbst und dem, wogegen es Widerstand leistet, und da die meisten Beziehungen eine Form des Widerstands sind, schaffen wir eine Gesellschaft, die unausweichlich Isolation und somit Konflikt innerhalb und außerhalb dieser Isolation heraufbeschwört. Wir müssen also untersuchen, wie sich Beziehungen in unserem Leben praktisch auswirken. Was ich bin – meine Handlungen, meine Gedanken, meine Gefühle, meine Motive, meine Absichten – führt zu dieser Beziehung zwischen mir und den anderen, die wir als die Gesellschaft bezeichnen. Es gibt keine Gesellschaft ohne diese Beziehung zwischen zwei Menschen; und bevor wir über nationale Unabhängigkeit reden, die Flagge schwenken und das ganze Drum und Dran, müssen wir unsere Beziehung zueinander verstehen.

Wenn wir jetzt unser Leben und unsere Beziehungen zueinander untersuchen, sehen wir einen Prozess der Isolierung. Wir nehmen nicht wirklich Anteil an dem anderen, doch obwohl wir viel darüber reden, sind wir in Wirklichkeit nicht an ihm interessiert. Wir haben eine Beziehung zu jemandem nur, solange diese Beziehung uns Vergnügen macht, solange sie uns eine Zuflucht bietet, solange sie uns befriedigt. Aber sobald es eine Störung, ein Unbehagen in der Beziehung gibt, geben wir die Beziehung auf. Mit anderen Worten, eine Beziehung hält nur so lange, wie sie uns Spaß macht. Das mag hart klingen, aber wenn Sie wirklich Ihr Leben genau überprüfen, werden Sie feststellen, dass es eine Tatsache ist; und einer Tatsache auszuweichen heißt, in Unwissenheit zu leben, und daraus kann niemals eine echte Beziehung erwachsen.

Wenn wir nun unser Leben betrachten und unsere Beziehungen beobachten, sehen wir, dass ihr eigentlicher Inhalt ist,

Widerstand gegeneinander aufzubauen, eine Mauer, über die wir schauen und einander beobachten. Ob es nun eine psychische, materielle, wirtschaftliche oder nationale Mauer ist, immer lassen wir die Mauer stehen und bleiben hinter ihr geborgen. Und solange wir in Isolation hinter einer Mauer leben, haben wir keine Beziehung zueinander. Wir leben eingekapselt, weil es viel befriedigender ist, wir halten es für viel sicherer. Die Welt ist so zerstörerisch – es gibt so viel Leid, so viel Schmerz, Krieg, Zerstörung und Elend –, dass wir fliehen möchten, um innerhalb der Mauern in dem Gefühl der Sicherheit zu leben. Beziehung ist also für die meisten von uns in Wirklichkeit ein Prozess der Isolierung, und so ist es ganz natürlich, dass derartige Beziehungen eine Gesellschaft bilden, in der die Menschen isoliert sind. Das ist genau das, was auf der ganzen Welt geschieht. Sie bleiben in Ihrer Isolation und strecken Ihre Hand über die Mauer hinweg aus, und das nennen Sie Internationalismus., Brüderlichkeit oder was Sie wollen, aber in Wirklichkeit bleiben die souveränen Staaten und Armeen bestehen. Das heißt, während Sie auf Ihrer eigenen Begrenztheit beharren, glauben Sie eine vereinte Welt, den Weltfrieden schaffen zu können, aber das ist unmöglich. Solange Sie eine Grenze haben, sei sie nun national, wirtschaftlich, religiös oder sozial, ist es eine offensichtliche Tatsache, dass es keinen Frieden auf der Welt geben kann. ☙

STEHEN WIR ALSO JEMALS in Beziehung zu einem anderen Menschen, oder gibt es nur eine Beziehung zwischen zwei Bildern, die beide sich voneinander gemacht haben? Ich habe ein Image von Ihnen, und Sie haben ein Image von mir. Ich mache mir ein Bild von anderen als meine Frau oder mein Mann oder was es sein mag, und Sie machen sich Ihrerseits ein Bild. Die Beziehung besteht zwischen diesen beiden Bildern; sonst ist da nichts. Eine Beziehung zu einem Anderen ist nur möglich, wenn es kein Bild gibt. Wenn ich Sie ansehen kann und Sie mich anblicken können ohne ein Bild aus der Erinnerung, ohne frühere Beleidigungen oder was immer, dann gibt es eine Beziehung. Aber das Wesen des Beobachters ist das Bild, nicht wahr? Mein Bild betrachtet Sie, und was Beziehung genannt wird, besteht nur zwischen diesen beiden Bildern. In Wahrheit gibt es diese Beziehung nicht – weil beides nur Bilder sind. In Beziehung zu stehen bedeutet, in Kontakt zu sein. Kontakt ist etwas Direktes, etwas Unmittelbares. Dazu ist ein hohes Maß an Aufmerksamkeit, an Bewusstheit notwendig, dass ich jemand anderen ansehe ohne das Bild, das ich von dieser Person habe, ohne das Image, das aus meinen Erinnerungen an diese Person gebildet wurde – wie sie mich vielleicht beleidigt oder erfreut hat, oder was immer. Nur wenn es keine Bilder zwischen zwei Menschen gibt, gibt es eine Beziehung. (...)

Um die volle Bedeutung von Beziehung untereinander zu verstehen, gleich wie nah wir uns stehen oder wie weit wir entfernt sind, müssen wir anfangen zu verstehen, warum das Gehirn Bilder erschafft. Wir haben Bilder von uns selbst und von anderen. Warum hat jeder ein bestimmtes Image und identifiziert sich mit diesem Image? Ist dieses Bild notwendig, vermittelt es ein Gefühl von Sicherheit? Bewirkt das Image nicht vielmehr die Spaltung, die Trennung von Menschen?

MAN FÄNGT ALSO AN festzustellen, dass die meisten unserer Beziehungen in Wirklichkeit auf dieser Bilderzeugung beruhen, und nachdem man sich ein Bild gemacht hat, hofft man darauf, eine Beziehung zwischen zwei Bildern zu begründen. Und natürlich gibt es keine Beziehung zwischen zwei Bildern. Wenn Sie eine Ansicht von mir haben und ich eine Meinung über Sie habe, wie können wir dann in Beziehung miteinander stehen? Beziehung existiert nur, wenn sie frei ist, wenn Freiheit besteht von der Gestaltung von Bildern... Nur wenn dieses Bild zerbrochen ist und die Erzeugung von Bildern aufhört, wird der Konflikt enden, wird es ein endgültiges Ende von Konflikten geben. Nur dann gibt es Frieden, nicht nur innen, sondern auch außen. Erst wenn Sie diesen Frieden innen gefestigt haben, kann der Geist, der nun frei ist, wirklich sehr weit gehen. (...)

Beziehung bedeutet also die Beendigung der Maschinerie, die das Bild zusammensetzt, und mit dem Ende dieser Maschinerie wird auch echte Beziehung entstehen; und das bedeutet das Ende von Konflikt. Und wo es ein Ende von Konflikt gibt, da gibt es selbstverständlich Freiheit – echte Freiheit, nicht als Idee, sondern als einen wirklichen und tatsächlichen Zustand. In diesem Zustand der Freiheit kann der Geist – der nun nicht mehr verdreht wird, nicht mehr gequält wird, nicht mehr voreingenommen ist, der keinen Launen oder Illusionen nachhängt, keinen mystischen Vorstellungen oder Visionen – sehr weit gehen. Weit nicht in Zeit oder Raum, weil es in der Freiheit keine Zeit und keinen Raum gibt. Ich verwende die Worte sehr weit gehen in dem Sinne, dass wir dann entdecken können, dass es in dieser Freiheit einen Zustand der Leere gibt, einen Zustand der Freude, der Wonne, wie sie Ihnen kein Gott, keine Religion und kein Buch geben kann.

Wenn eine solche Beziehung zwischen Ihnen und Ihrer Frau, Ihrem Nachbarn, Ihrer Gesellschaft, zwischen Ihnen und anderen Menschen nicht besteht, dann werden Sie niemals Frieden haben und deshalb auch keine Freiheit. In diesem Zustand können Sie als Mensch, nicht als Individuum, die Gesellschaft verändern. Das kann weder der Sozialist noch der Kommunist, keiner kann es. Nur der Mensch, der verstanden hat, was wahre Beziehung ist – nur ein solcher Mensch kann eine Gesellschaft hervorbringen, in der Menschen ohne Konflikt leben können. ര

DENKEN

HABEN SIE neben so vielen anderen Dingen im Leben einmal überlegt, warum die meisten von uns ziemlich nachlässig sind, nachlässig bei unserer Kleidung, in unseren Gedanken, in der Art, wie wir Dinge tun? Warum sind wir unpünktlich und so unbedacht gegenüber anderen? Und was schafft in allem Ordnung: in unserer Kleidung, in unseren Gedanken, in unserer Sprache, in unserer Art zu gehen, in unserer Umgangsform mit jenen, die weniger Glück haben als wir? Was bringt jene eigentümliche Ordnung hervor, die ohne Zwang entsteht, ungeplant, ohne ausdrückliche Überlegung? Haben Sie das jemals bedacht? Wissen Sie, was ich mit Ordnung meine? Es bedeutet, ohne Zwang still zu sitzen, ohne Eile harmonisch zu essen, entspannt zu sein und doch genau, klar im Denken zu sein und doch offen. Wie kommt es zu dieser Ordnung im Leben? Das ist ein wirklich wichtiger Punkt, und ich denke, wenn wir dazu ausgebildet würden zu entdecken, welcher Faktor Ordnung hervorbringt, wäre dies von großer Bedeutung.

Sicherlich entsteht Ordnung nur durch Tugend; denn wenn Sie nicht tugendhaft sind – nicht nur in den kleinen Dingen, sondern in allem –, wird Ihr Leben chaotisch, oder nicht? Tugendhaft zu sein hat, nur für sich genommen, sehr wenig Bedeutung; weil Sie aber tugendhaft sind, gibt es Genauigkeit in Ihrem Denken, Ordnung in Ihrem ganzen Wesen, und das ist die Funktion von Tugend. (…)

Haben Sie bemerkt, wie wenige von uns überhaupt etwas tief empfinden? Lehnen Sie sich je gegen Ihre Lehrer auf, gegen Ihre Eltern, nicht einfach, weil Sie etwas nicht mögen, sondern weil Sie das tiefe, intensive Gefühl haben, dass Sie bestimmte Dinge nicht tun wollen? Falls Sie etwas tief und intensiv spüren, werden Sie feststellen, dass gerade dieses Gefühl auf seltsame Weise neue Ordnung in Ihr Leben bringt.

Ordentlichkeit, Sauberkeit, Klarheit im Denken sind nicht um ihrer selbst willen sehr wichtig, sondern werden wichtig für einen Menschen, der empfindsam ist, der tief fühlt, der sich in einem Zustand ständiger innerer Umwälzung befindet. Wenn Sie sich in das Los eines armen Menschen ganz hineinversetzen, eines Bettlers, dessen Gesicht der Staub bedeckt, während das Auto des reichen vorüberfährt, wenn Sie außergewöhnlich empfänglich, allem gegenüber höchst aufgeschlossen sind, dann bringt genau diese Sensibilität Ordentlichkeit und Tugend mit sich. Ich denke, dass es sowohl für den Erzieher wie für den Studenten wichtig ist, das zu verstehen.

In diesem Land, wie überall auf der Welt, sind wir so gleichgültig, nehmen wir unglücklicherweise an nichts tiefen Anteil. Die meisten von uns sind Intellektuelle – Intellektuelle im oberflächlichen Sinn von Besserwisserei, voller Worte und Theorien darüber, was richtig und was falsch ist, wie wir denken sollten und was wir tun sollten. Mental sind wir hochentwickelt, aber innerlich gibt es sehr wenig Substanz oder Sinn; und erst diese innere Substanz bewirkt wahres Handeln, ein Handeln, das nicht nur einer Idee entspringt.

Deshalb sollten Sie sehr starke Gefühle zulassen – Gefühle von Leidenschaft oder Ärger – und sie beobachten, mit ihnen spielen und erkunden, was sie in Wirklichkeit sind; denn wenn Sie sie nur unterdrücken, wenn Sie sagen, „Ich darf nicht wütend werden, ich darf nicht leidenschaftlich sein, weil das

Unrecht ist", werden Sie feststellen, dass Ihr Geist allmählich durch seine Idee verschlossen und dabei sehr seicht wird. Sie mögen ungeheuer scharfsinnig sein, Sie haben vielleicht enzyklopädisches Wissen, wenn aber die Vitalität starker und tiefer Gefühle fehlt, ist Ihr Verständnis wie eine Blume, die nicht duftet.

Es ist für Sie sehr wichtig, alle diese Dinge zu verstehen, solange Sie jung sind, weil Sie dann als Erwachsene wahre Revolutionäre sein werden – Revolutionäre nicht im Sinne irgendeiner Ideologie, Theorie oder eines Buches, sondern Revolutionäre im totalen Sinn des Wortes, als integrierte menschliche Wesen. Revolutionäre durch und durch, so dass in Ihnen kein Fleck mehr bleibt, der vom Alten infiziert ist. Dann ist Ihr Geist frisch, unschuldig und deshalb fähig zu außerordentlicher Kreativität. Falls Sie aber nicht erfassen, welchen Sinn das hat, wird Ihr Leben sehr farblos, denn Sie werden überwältigt von der Gesellschaft, von Ihrer Familie, von Ihrer Frau oder Ihrem Mann, von Theorien, von religiösen oder politischen Organisationen. Deshalb ist es so dringend, dass Sie richtig ausgebildet werden – was bedeutet, dass Sie Lehrer haben müssen, die Ihnen helfen können, die Kruste der so genannten Zivilisation zu durchbrechen und nicht Kopiermaschinen zu sein, sondern Individuen, die wirklich ein Lied in sich tragen und deshalb glückliche, kreative menschliche Wesen sind.

ES IST SEHR EINFACH. Sie schmeicheln mir, Sie achten mich, und ich entwickle ein Image von Ihnen, aufgrund von Komplimenten oder Kritik. Ich mache Erfahrungen: Leid, Tod, Konflikt, Hunger, Not, Einsamkeit. All das erzeugt ein Image in mir und ich werde zu diesem Image. Das „Ich" in mir wird zum Bild, der Denker ist dieses Image. Es ist der Denker, der das Bild erzeugt. Aufgrund seiner Reaktionen, seien sie physisch, psychisch, intellektuell oder anders, erzeugt der Denker, der Betrachter, derjenige, der die Erfahrungen macht, das Bild – auf der Grundlage von Erinnerungen und Gedanken. Die Maschinerie ist also das Denken, die Maschinerie entsteht aufgrund von Gedanken. Gedanken sind notwendig, sonst können Sie nicht existieren.

Betrachten Sie also zunächst das Problem. Das Denken erzeugt den Denker. Der Denker beginnt, sich Bilder von sich selbst zu machen: er ist Atma, er ist Gott, er ist die Seele, er ist ein Brahmane, er ist kein Brahmane, er ist Hindu, er ist Muslim und so fort. Er erzeugt ein Image und lebt darin. Denken ist der Anfang dieser Maschinerie. Sie werden jetzt sagen: „Wie kann ich aufhören zu denken?" Das können Sie nicht. Man kann aber denken und kein Bild dabei erzeugen. Man kann beobachten, dass man Kommunist oder Muslim ist. Sie können das beobachten, aber warum sollten Sie daraus ein Image von sich selbst erzeugen? Sie können sich von mir nur ein Bild als Muslim, Kommunist oder sonst etwas machen, weil Sie ein Bild von sich selbst haben, das mich beurteilt. Wenn Sie kein Bild von sich selbst hätten, dann würden Sie mich anschauen, mich betrachten, ohne sich ein Bild von mir zu machen. Deshalb bedarf es einer solch großen Wachheit und Aufmerksamkeit, einer intensiven Beobachtung Ihrer eigenen Gedanken und Gefühle.

DISZIPLIN

ABER WAS GESCHIEHT, wenn ein Mensch versucht, tugendhaft zu werden, wenn er sich selbst diszipliniert, um freundlich, effizient, umsichtig, rücksichtsvoll zu sein, wenn er sich darum bemüht, Leute nicht zu verletzen, wenn er seine Energie beim Versuch, Ordnung zu schaffen oder bei der Anstrengung, gut zu sein, verbraucht? Seine Anstrengungen machen ihn konventionell, so dass sein Geist mittelmäßig wird; deshalb hat er keine Tugend.

Haben Sie jemals eine Blume ganz aus der Nähe betrachtet? Wie erstaunlich präzise sie ist mit all ihren Blütenblättern, und doch umgibt sie gleichzeitig außergewöhnliche Zartheit, Duft, Lieblichkeit. Wenn ein Mensch sich nun darum bemüht, ordentlich zu sein, mag sein Leben sehr präzise geregelt sein; es hat aber die Qualität der Sanftheit verloren, die nur entsteht, wenn es – wie bei der Blume – keine Anstrengung gibt. Unsere Schwierigkeit liegt also darin, präzise, klar und weit offen zu sein ohne Anstrengung.

Sehen Sie, die Anstrengung, ordentlich oder sauber zu sein, hat einen solch einengenden Einfluss. Wenn ich mich bewusst darum bemühe, ein aufgeräumtes Zimmer zu haben, wenn ich darauf achte, alles an seinen Platz zu stellen, wenn ich mich immer kontrolliere, darauf achte, wohin ich meine Füße setze und so weiter, was passiert dann? Ich werde zu einem unerträglichen Langweiler für mich selbst und andere. Eine Person, die immer versucht, etwas zu sein, deren Gedanken sehr sorgfältig arrangiert sind, die bewusst einen Gedanken einem anderen vorzieht, geht einem ziemlich auf die Nerven. Eine solche Person mag sehr sauber sein, makellos, ihre Worte vielleicht genau wählen, mag sehr aufmerksam und bedacht sein; sie hat aber die schöpferische Lebensfreude verloren.

Worin liegt also das Problem? Wie kann man diese kreative Lebensfreude haben, offen in seinen Gefühlen sein, aufgeschlossen im Denken, und doch präzise, klar und ordentlich im Leben? Ich denke, die meisten von uns sind nicht so, weil wir nie etwas intensiv spüren, nie tun wir etwas aus ganzem Herzen. Ich erinnere mich, einmal zwei rote Eichhörnchen beobachtet zu haben, mit langen buschigen Schwänzen und einem wunderschönen Fell, wie sie sich ungefähr zehn Minuten lang gegenseitig einen hohen Baum rauf und runter jagten – nur aus Lebensfreude. Sie und ich können diese Freude aber nicht kennen, wenn wir nicht Dinge tief erspüren, wenn es in unserem Leben keine Leidenschaft gibt – Leidenschaft nicht, um Gutes zu tun oder irgendeine Reform durchzusetzen, sondern die Leidenschaft im Sinne sehr starker Empfindung, und wir können diese vitale Leidenschaft nur dann haben, wenn es in unserem Denken, in unserem ganzen Sein, eine totale Revolution gibt.

HABEN SIE JE BEDACHT, warum wir uns diszipliniert verhalten oder warum wir Selbstdisziplin üben? Überall in der Welt bestehen politische Parteien darauf, dass die Parteidisziplin befolgt wird. Ihre Eltern, Ihre Lehrer, die Gesellschaft um Sie herum – sie alle erzählen Ihnen, dass Sie diszipliniert, kontrolliert sein müssen. Warum? Und gibt es überhaupt irgendeine Notwendigkeit für Disziplin, für die von der Gesellschaft aufgezwungene Disziplin, die eines religiösen Lehrers, die nach einem bestimmten Moralkodex oder die Ihrer eigenen

Erfahrung? Für den Ehrgeizigen, der etwas erreichen möchte, der viel Geld verdienen möchte, der ein großer Politiker sein möchte, wird gerade dieser Ehrgeiz zum Mittel seiner Selbstdisziplin. Jeder um Sie herum sagt also, dass Disziplin notwendig sei. Sie müssen zu einer bestimmten Zeit ins Bett gehen und aufstehen, Sie müssen studieren, Prüfungen bestehen, Ihren Eltern gehorchen und so weiter.

Warum sollten Sie nun überhaupt diszipliniert sein? Was bedeutet Disziplin? Sich an etwas anzupassen, nicht wahr? Ihr Denken dem anpassen, was andere Leute sagen, manchen Formen des Verlangens zu widerstehen und andere zu akzeptieren, sich mit dieser Praxis einverstanden zu zeigen und mit jener nicht, konform zu sein, zu unterdrücken, zu folgen, nicht nur oberflächlich, sondern auch tief innen. All dies ist in Disziplin enthalten. Und Jahrhunderte lang, Generation um Generation, wurde uns von Lehrern, Gurus, Priestern, Politikern, Königen, Rechtsanwälten, von der Gesellschaft, in der wir leben, gesagt, dass es Disziplin geben müsse.

Also frage ich mich selbst – und ich hoffe, dass Sie sich das auch fragen –, ob Disziplin überhaupt notwendig ist und ob es nicht einen gänzlich anderen Ansatz bei diesem Problem gibt. Ich denke, es gibt tatsächlich einen anderen Zugang, und das ist das wahre Thema, mit dem nicht nur die Schule konfrontiert ist, sondern die ganze Welt. Es wird allgemein anerkannt, dass man, um effizient zu sein, diszipliniert sein muss, entweder durch einen Moralkodex, einen persönlichen Glauben oder dadurch, dass man trainiert worden ist, wie eine Maschine in einer Fabrik zu arbeiten. Aber genau dieser Prozess der Beherrschung stumpft den Geist durch Konformität ab.

Befreit Disziplin Sie nun, oder bringt sie Sie dazu, sich einem ideologischen Muster anzupassen, sei es das utopische Modell des Kommunismus oder irgendeine Art von moralischem oder religiösem Vorbild? Kann Disziplin Sie je frei machen? Nachdem Disziplin Sie gebunden hat, Sie zum Gefangenen gemacht hat, wie es alle Formen von Disziplin tun, kann die Disziplin Sie dann loslassen? Wie soll das vor sich gehen? Oder gibt es einen ganz und gar davon verschiedenen Ansatz – der darin besteht, eine wirklich tiefe Einsicht in das ganze Problem von Disziplin zu wecken? Das heißt, können Sie, das Individuum, nur ein Verlangen haben und nicht zwei oder viele Wünsche, die nicht miteinander vereinbar sind? Verstehen Sie, was ich meine? Sobald Sie zwei, drei oder zehn Wünsche haben, haben Sie das Problem der Disziplin, nicht wahr? Sie möchten reich sein, Autos haben und Häuser; und gleichzeitig wollen Sie diese Dinge aufgeben, weil Sie denken, wenig oder nichts zu besitzen sei moralisch, ethisch, religiös gefordert. Und ist es möglich, in der rechten Weise erzogen zu werden, so dass das ganze Wesen integriert wird und ohne inneren Widerspruch ist und deshalb ohne Verlangen nach Disziplin? Integriert zu sein erfordert einen Sinn für Freiheit, und wenn diese Integration stattfindet, gibt es sicherlich keine Notwendigkeit mehr für Disziplin. Integration bedeutet, gleichzeitig auf allen Ebenen ein vollständiges Ganzes zu sein.

Wissen Sie, wenn wir von frühester Jugend an die richtige Erziehung hätten, würde sie einen Zustand herbeiführen, in dem es keinerlei Widerspruch gibt, weder innerlich noch äußerlich, und dann gäbe es kein Bedürfnis nach Disziplin oder Zwang, weil Sie etwas vollständig rückhaltlos, mit Ihrem ganzen Sein tun würden. Disziplin taucht nur auf, wenn es einen Widerspruch gibt. Die Politiker, die Regierungen, die organisierten Religionen möchten, dass Sie nur auf eine einzige Weise denken, denn wenn sie aus Ihnen einen vollkommenen Kommunisten, vollkommenen Katholiken oder was auch immer machen können, dann sind Sie kein Problem. Sie glauben einfach und arbeiten wie eine Maschine; dann gibt es keinen Widerspruch, weil Sie immer nur gehorchen. Alles Gehorchen aber ist destruktiv, weil es mechanisch ist. Es ist reine Konformität, in der es keine kreative Freisetzung gibt.

Können wir nun von frühster Jugend an ein Gefühl vollständiger Geborgenheit hervorbringen, das Gefühl, zu Hause zu sein, so dass es in Ihnen keine Auseinandersetzung deswegen gibt, weil Sie dies tun, aber jenes nicht? Sobald es zu einer inneren Auseinandersetzung kommt, entstehen Konflikte, und um diese zu überwinden, muss es Disziplin geben. Wenn Sie dagegen richtig erzogen sind, ist alles, was Sie tun, eine integrierte Handlung; es gibt keinen inneren Widerspruch und deshalb auch keine zwanghafte Handlungsweise. Solange es keine Integration gibt, muss es Disziplin geben; aber Disziplin ist zerstörerisch, weil sie nicht zur Freiheit führt.

Integriert zu sein verlangt keinerlei Form von Disziplin. Das heißt, wenn ich tue, was gut ist, innerlich richtig, wirklich schön, und zwar mit meinem ganzen Wesen, dann gibt es keinen Widerspruch in mir, und ich passe mich nicht lediglich an irgendetwas an. Wenn das, was ich tue, uneingeschränkt gut ist, in sich richtig – nicht richtig nach irgendeiner hinduistischen Tradition oder kommunistischen Theorie, sondern zeitlos richtig unter allen Umständen –, dann bin ich ein integriertes menschliches Wesen und habe Disziplin nicht nötig. Und ist es nicht die Aufgabe einer Schule, in Ihnen diesen Sinn hervorzubringen, der integriertes Vertrauen ist, so dass Sie nicht nur tun, was Sie wollen, sondern das tun, was grundlegend richtig und gut ist und immerwährend wahr?

Sie wissen, wenn Sie lieben, ist Disziplin nicht notwendig. Liebe bringt ihr eigenes kreatives Verstehen mit sich, deshalb gibt es keinen Widerstand, keinen Konflikt, aber mit einer solchen vollständigen Ganzheitlichkeit zu lieben ist nur möglich, wenn Sie sich zutiefst sicher und vollkommen zu Hause fühlen, besonders wenn Sie jung sind. Das bedeutet tatsächlich, dass der Erzieher und der Studierende restloses Vertrauen zueinander haben müssen, sonst werden wir eine Gesellschaft schaffen, die genauso hässlich und destruktiv ist, wie die gegenwärtige. Wenn wir die Bedeutung einer vollständig integrierten Handlungsweise verstehen können, in der es keinen Widerspruch gibt und deshalb keine Notwendigkeit für Disziplin, dann – so denke ich – werden wir eine völlig andere Art von Kultur hervorbringen, eine neue Zivilisation. Wenn für uns aber Widerstand und Unterdrückung alles ist, dann wird das, was unterdrückt wird, unweigerlich in anderen Richtungen wieder aufbrechen und unterschiedliche schädliche Aktivitäten und destruktive Ereignisse auslösen.

Es ist also sehr wichtig, diese ganze Frage der Disziplin zu verstehen. Für mich ist Disziplin etwas durch und durch Hässliches; sie ist nicht kreativ, sie ist destruktiv. Bei einer solchen Feststellung aber stehen zu bleiben, mag den Anschein erwecken, dass Sie tun können, was Sie wollen. Im Gegenteil: Ein Mensch, der liebt, tut eben nicht, was immer ihm beliebt. Nur die Liebe allein führt zur rechten Handlungsweise. Was Ordnung in der Welt schafft, ist: zu lieben und die Liebe tun lassen, was sie will. ☙

EHE

FÜR SEHR, SEHR WENIGE, die wirklich lieben, hat die eheliche Beziehung Bedeutung, und damit ist sie unauflöslich, dann ist sie nicht nur eine reine Gewohnheit oder Bequemlichkeit, noch beruht sie dann nur auf biologischen, sexuellen Bedürfnissen. In einer solchen bedingungslosen Liebe verschmelzen die Identitäten, die beiden Einzelpersönlichkeiten, miteinander, und in einer solchen Beziehung gibt es Heilung, gibt es Hoffnung.

Bei den meisten von Ihnen ist die eheliche Beziehung jedoch keine Verschmelzung. Um zwei getrennte Identitäten miteinander zu verschmelzen, müssen Sie sich als Mann selbst kennen, und als Frau müssen Sie sich kennen. Das bedeutet es, zu lieben. Aber in der Regel existiert eine solche Liebe nicht, das ist offensichtlich. Liebe ist frisch, neu, nicht nur Befriedigung, nicht nur Gewohnheit; Liebe ist bedingungslos. Sie gehen so mit Ihrem Mann oder Ihrer Frau nicht um, nicht wahr? Sie leben in Ihrer Isolierung, und sie lebt in ihrer Abgetrenntheit, und Sie haben ein Muster des abgesicherten sexuellen Vergnügens gebildet. Was passiert mit einem Mann, der ein gesichertes Einkommen hat? Er wird mit Sicherheit innerlich ärmer. Haben Sie das noch nicht festgestellt? Beobachten Sie einen Mann mit einem gesicherten Einkommen und Sie werden sehen, wie schnell sein Geist welkt. Er mag eine hohe Position einnehmen und es mag ihm der Ruf, besonders clever zu sein, vorauseilen, aber die volle Freude des Lebens ist von ihm fort gegangen.

Ähnlich ist es bei einer Ehe, in der Ihnen ständig eine Quelle von Genuss zur Verfügung steht, in der es Gewohnheiten ohne tieferes Verstehen gibt, ohne Liebe, und die Beibehaltung dieses Zustands als Zwang. Ich sage Ihnen nicht, was Sie tun sollen – schauen Sie sich das Problem zuerst einmal an. Denken Sie, dass es richtig ist, wie es ist? Wenn nicht, heißt das nicht, dass Sie als Mann Ihre Frau verlassen sollten, um eine andere zu finden. Was bedeutet eine solche Beziehung? Sicher heißt Liebe doch, in Gemeinschaft mit jemandem zu sein; aber sind Sie mit Ihrer Frau in Gemeinschaft, außer der körperlichen? Kennen Sie Ihre Frau, außer auf der körperlichen Ebene? Kennt sie Sie? Sind Sie nicht beide isoliert, verfolgen Sie nicht beide Ihre eigenen Interessen, Ziele und Bedürfnisse? Streben Sie vielleicht beide nach Befriedigung und Erfüllung durch den jeweils anderen, in wirtschaftlicher oder psychologischer Hinsicht? Eine solche Beziehung ist überhaupt keine echte Beziehung – das ist ein sich gegenseitig abschottender Prozess, der auf die Erfüllung bestimmter psychologischer, biologischer und finanzieller Notwendigkeiten gerichtet ist. Und die offensichtliche Folge sind Konflikt, Leid, Streit, besitzergreifende Angst, Eifersucht und so fort.

Wenn Ehe Gewohnheit ist und nur der Kultivierung gewohnheitsmäßigen Vergnügens dient, ist sie ein abträglicher Faktor. Es gibt keine gewohnheitsmäßige Liebe. Liebe ist nicht gewohnheitsmäßig; Liebe ist etwas Freudiges, Kreatives, Neues. Gewohnheit ist deshalb das Gegenteil von Liebe. Sie aber stecken in der Gewohnheit fest, und so ist auch Ihre gewohnheitsmäßige Beziehung mit einem anderen Menschen selbstverständlich tot. Wir kommen also auf das grundlegende Thema zurück: die Reformation der Gesellschaft hängt von Ihnen ab, nicht von der Legislative. Die Gesetzgebung kann nur weiter Gewohnheiten oder Konformismus bewirken. Deshalb müssen Sie, als ein verantwortliches Individuum in Beziehungen, etwas tun – Sie müssen handeln, und Sie können nur handeln, wenn es ein Erwachen von Geist und Herz gibt.

EIFERSUCHT

ICH WEISS, dass Liebe nicht existieren kann, wo Eifersucht ist; Liebe kann nicht existieren, wo eine Bindung besteht. Ist es mir den möglich, frei von Eifersucht und Bindungen zu sein? Ich weiß, dass ich nicht liebe. Das ist eine Tatsache. Ich will mir nichts vormachen, ich will meiner Frau nicht vortäuschen, dass ich sie liebe. Ich weiß nicht, was Liebe ist. Aber ich weiß, dass ich eifersüchtig bin, und ich weiß, dass ich sehr an meine Frau gebunden bin und dass dieser Bindung Angst, Eifersucht und Spannung, ein Gefühl der Abhängigkeit beigemischt ist. Ich bin nicht gerne abhängig, aber ich bin abhängig, weil ich einsam bin. Im Büro, in der Fabrik werde ich herumkommandiert, und wenn ich nach Hause komme, suche ich Trost und Nähe, um vor mir selbst zu fliehen. Und ich frage mich: Wie werde ich frei von dieser Gebundenheit? Dies soll nur ein Beispiel sein.

Zuerst möchte ich vor dieser Frage davonlaufen. Ich weiß nicht, wie es mit meiner Frau weitergehen soll. Wenn ich mich wirklich innerlich von ihr lösen würde, dann könnte sich meine Beziehung zu ihr ändern. Sie könnte noch von mir abhängig sein, aber ich wäre nicht mehr von ihr abhängig, so wenig wie von irgendeiner anderen Frau. Aber ich will das untersuchen. Deshalb werde ich nicht davonlaufen, wenn ich mir vorstelle, welche Konsequenzen es haben könnte, vollkommen frei von jeder Bindung zu sein. Ich weiß nicht, was Liebe ist, aber ich sehe ganz klar, deutlich, ohne jeden Zweifel, dass die innere

Abhängigkeit von meiner Frau mit Eifersucht, Besitzanspruch, Angst und Spannung einhergeht, und von all dem will ich frei sein. Also beginne ich zu fragen; ich suche nach einer Methode, und ich gerate an ein System. Irgendein Guru sagt: „Ich werde dir helfen, frei zu werden, tu dies und jenes; übe dies und jenes." Ich akzeptiere, was er sagt, denn ich sehe, wie wichtig es ist, frei zu sein. Und er verspricht mir, dass ich, wenn ich tue, was er sagt, dafür belohnt werde. Aber mir wird klar, dass ich auf diese Weise auf Belohnung warte. Ich sehe ein, wie töricht ich bin: Ich will frei sein, und statt dessen mache ich mich von einer Belohnung abhängig.

Ich will nicht gebunden sein, und doch ertappe ich mich dabei, dass ich mich an die Idee binde, ein Mensch oder ein Buch oder eine Methode werde mich mit Freiheit von Bindung belohnen. Und so wird die Belohnung zu einer Bindung. Und ich sage: „Was habe ich nur getan! Ich muss aufpassen, dass ich nicht in diese Falle gerate." Ob es nun eine Frau ist, eine Methode oder eine Idee, es sind alles Bindungen. Ich bin jetzt sehr vorsichtig. Denn ich habe etwas gelernt, nämlich eine Bindung nicht gegen etwas anderes einzutauschen, das wiederum eine Bindung ist.

Ich frage mich: „Was soll ich tun, um frei von Bindung zu werden?" Was ist das Motiv hinter meinem Wunsch, frei von Bindungen zu sein? Will ich nicht einen Zustand erreichen, in dem es keine Bindung gibt, keine Angst? Und plötzlich wird mir klar, dass ein Motiv eine Richtung angibt, und diese Richtung wird mir meine Freiheit diktieren. Warum soll ich ein Motiv haben? Was ist ein Motiv? Ein Motiv ist die Hoffnung oder der Wunsch, etwas zu erreichen. Ich sehe, dass ich an ein Motiv gebunden bin. Nicht nur meine Frau, nicht nur meine Idee oder eine Methode, sondern mein Motiv selbst ist zu meiner Bindung geworden! Ich funktioniere also ständig im Bereich von

Bindungen – an die Frau, an die Methode und an das Motiv, etwas in der Zukunft zu erreichen. An all das bin ich gebunden. Ich sehe, dass das eine ungeheuer komplexe Angelegenheit ist, ich habe nicht gewusst, dass frei von Bindung zu sein all das mit sich bringt. Jetzt sehe ich das so deutlich, wie ich auf einer Landkarte die Hauptstraßen, die Nebenstraßen und die Dörfer sehe; ich sehe es ganz klar. Dann sage ich zu mir selbst: „Ist es mir denn möglich, frei zu sein von der großen Abhängigkeit von meiner Frau und auch von der Belohnung, die ich zu erhalten glaube, und frei von meinem Motiv?“ An all das bin ich gebunden. Warum? Vielleicht, weil ich mir selbst nicht genüge? Vielleicht, weil ich sehr, sehr einsam bin und deshalb vor diesem Gefühl der Isolation zu fliehen suche, indem ich mich einer Frau zuwende, einer Idee, einem Motiv, als müsse ich mich an etwas festhalten? Ich sehe, dass dies zutrifft: Ich bin einsam, und indem ich mich von etwas abhängig mache, fliehe ich vor diesem Gefühl der ungeheuren Einsamkeit.

Nun interessiert es mich zu verstehen, warum ich einsam bin, denn ich sehe, dass es das ist, was mich abhängig macht. Diese Einsamkeit hat mich gezwungen, ihr durch Bindung an dies oder jenes zu entfliehen, und ich sehe auch, dass dies, solange ich einsam bin, immer wieder geschehen wird. Was bedeutet es, sich einsam zu fühlen? Wie kommt das Gefühl zustande? Ist es instinktiv, ererbt, oder wird es durch meine täglichen Aktivitäten hervorgerufen? Wenn es ein Instinkt ist, wenn es ererbt ist, dann gehört es zu meinem Los, dann kann ich nichts dafür. Aber da ich das nicht akzeptiere, stelle ich es in Frage, und ich bleibe bei der Frage, ich beobachte, und ich versuche nicht, der Einsamkeit zu sagen, was sie tun soll oder was sie ist, ich beobachte sie, bis sie es mir sagt. Ich beobachte die Einsamkeit, damit sie sich mir offenbart. Sie wird sich nicht offenbaren, wenn ich davonlaufe, wenn ich Angst habe, wenn ich ihr Widerstand leiste. Ich beobachte sie einfach. Ich beobachte sie, damit kein Gedanke sich dazwischendrängt. Das Beobachten ist viel wichtiger als das Denken, das dazwischenkommt. Und weil meine ganze Energie sich auf die Beobachtung dieser Einsamkeit konzentriert, kommt kein einziger störender Gedanke auf. Der Geist ist herausgefordert, und er muss antworten. Da er herausgefordert wird, ist er in einer Krise. In einer Krise hat man viel Energie, und diese Energie bleibt, ohne durch das Denken behindert zu werden. Das ist eine Herausforderung, der man sich stellen muss.

Ich habe mit einem Selbstgespräch begonnen. Ich habe mich gefragt, was diese seltsame Sache ist, die man Liebe nennt; jeder spricht darüber, schreibt darüber – alle diese romantischen Gedichte, Bilder, Sex und alles, was dazugehört. Ich frage: Gibt es so etwas wie Liebe? Ich sehe, dass sie nicht existiert, wo Eifersucht, Hass und Angst herrschen. Deshalb interessiere ich mich nicht mehr für die Liebe, ich interessiere mich für das, „was ist“, meine Angst, mein Gebundensein. Warum bin ich gebunden? Ich sehe, einer der Gründe ist – ich sage nicht, dass es der einzige Grund ist –, dass ich entsetzlich einsam und isoliert bin. Je älter ich werde, umso mehr fühle ich mich isoliert. Also beobachte ich das. Es ist eine Herausforderung, es zu entdecken, und weil es eine Herausforderung ist, ist alle Energie vorhanden, um darauf zu reagieren. Das ist einfach. Wenn eine Katastrophe, ein Unfall oder was auch immer passiert, dann ist es eine Herausforderung, und ich habe die Energie, ihr zu begegnen. Ich brauche nicht zu fragen: „Wie bekomme ich diese Energie?“ Wenn das Haus brennt, dann habe ich die Energie, mich in Bewegung zu setzen, ungeheure Energie. Ich lehne mich nicht zurück und sage: „Nun ja, ich muss die Energie aufbringen“, und dann warte ich ab; inzwischen wird das ganze Haus niedergebrannt sein.

Da ist nun diese ungeheure Energie, die Frage zu beantworten: Warum ist man so einsam? Ich habe Ideen, Vermutungen und Theorien abgelehnt: dass es ererbt ist, dass es instinktiv ist. Das alles sagt mir nichts. Einsamkeit ist, „was ist“. Warum gibt es diese Einsamkeit, die jedes menschliche Wesen durchmacht, wenn es sich überhaupt bewusst ist, oberflächlich oder in seiner ganzen Tiefe? Warum entsteht sie? Tut der Verstand etwas, um sie heraufzubeschwören? Ich habe die Theorien über Instinkt und Vererbung verworfen, und ich frage: Ruft der Geist, das Gehirn selbst, diese Einsamkeit, diese totale Isolation hervor? Ruft die Bewegung des Denkens sie hervor? Führt das Denken in meinem täglichen Leben dieses Gefühl der Isolation herbei? Im Büro isoliere ich mich, weil ich die Führungsposition anstrebe, deshalb ist das Denken unaufhörlich damit beschäftigt, sich zu isolieren. Ich sehe, dass das Denken ständig nach Überlegenheit strebt, und damit treibt der Geist sich selbst in diese Isolation.

Die Frage ist also folgende: Warum tut das Denken das? Liegt es in der Natur des Denkens, allein zu arbeiten? Liegt es in der Natur des Denkens, diese Isolation zu bewirken? Die Erziehung führt zu dieser Isolation; sie führt mich zu einer bestimmten Karriere, einer bestimmten Spezialisierung – und damit zur Isolation. Das Denken, da es fragmentiert ist, begrenzt und zeitgebunden, führt diese Isolation herbei. In dieser Begrenztheit hat es Sicherheit gefunden, und es sagt: „Ich habe eine besondere Karriere gewählt, ich bin Professor, mein Leben ist vollkommen sicher.“ Was mich interessiert, ist: Warum tut das Denken das? Liegt es in seiner Natur, das zu tun? Alles, was das Denken tut, kann nur begrenzt sein.

Das Problem ist also: Kann das Denken erkennen, dass alles, was es auch tut, begrenzt, bruchstückhaft und daher isolierend ist, dass alles, was es auch tun wird, ebenfalls so sein wird? Das ist ein sehr wichtiger Punkt: Kann das Denken selbst seine eigene Begrenztheit erkennen? Oder sage ich ihm nur, dass es begrenzt ist? Es ist sehr wichtig, das zu verstehen; das ist der eigentliche Kern der Sache. Wenn das Denken selbst erkennt, dass es begrenzt ist, dann gibt es keinen Widerstand, keinen Konflikt; es sagt: „ich bin so." Aber wenn ich ihm sage, dass es begrenzt ist, dann bin ich von dieser Begrenztheit getrennt. Dann kämpfe ich, um diese Begrenztheit zu überwinden, und deshalb herrschen Konflikt und Gewalt, nicht Liebe.

Erkennt also das Denken, dass es begrenzt ist? Das muss ich herausfinden. Es ist eine Herausforderung. Da ich herausgefordert bin, habe ich große Energie. Anders ausgedrückt: Erkennt das Bewusstsein, dass es sein eigener Inhalt ist? Oder habe ich einen anderen sagen hören: „Das Bewusstsein ist sein Inhalt; sein Inhalt macht das Bewusstsein aus?" Deshalb sage ich: „Ja, so ist es." Bemerken Sie den Unterschied zwischen den beiden? Das Letztere kommt aus dem Denken und wurde ihm vom „Ich" aufgezwungen. Wenn ich dem Denken etwas aufzwinge, dann entsteht ein Konflikt. Es ist wie eine tyrannische Regierung, die jemandem etwas aufzwingt, aber hier ist Regierung das, was ich selbst geschaffen habe.

Nun frage ich mich: Hat das Denken seine eigene Begrenztheit erkannt? Oder macht es sich vor, etwas Ungewöhnliches, Edles, Göttliches zu sein? – Das ist Unsinn, denn das Denken gründet sich auf Erinnerung. Ich sehe, über diesen Punkt muss Klarheit herrschen: dass kein äußerer Einfluss dem Denken aufzwingt zu sagen, es sei begrenzt. Dann gibt es, weil es keinen Zwang gibt, auch keinen Konflikt; das Denken erkennt einfach, dass es begrenzt ist; es erkennt, dass alles, was es tut – seine Anbetung Gottes und so weiter –, begrenzt, schäbig, kleinlich ist, auch wenn es in ganz Europa herrliche Kathedralen zur Anbetung Gottes geschaffen hat.

So habe ich in meinem Selbstgespräch die Entdeckung gemacht, dass Einsamkeit vom Denken erzeugt wird. Das Denken hat nun erkannt, dass es begrenzt ist und deshalb das Problem der Einsamkeit nicht lösen kann. Da es aber das Problem der Einsamkeit nicht lösen kann, existiert dann die Einsamkeit überhaupt? Das Denken hat dieses Gefühl der Einsamkeit, dieser Leere, erzeugt, weil es begrenzt, fragmentiert, gespalten ist, und wenn es das erkennt, dann gibt es keine Einsamkeit, und damit ist es frei von Bindung. Ich habe nichts getan; ich habe nur die Bindung beobachtet, was sie mit sich bringt: Gier, Angst, Einsamkeit, all das, und indem ich ihr auf der Spur bin, sie beobachte, nicht analysiere, sondern nur anschaue und anschaue, kommt die Entdeckung, dass das Denken das alles getan hat. Das Denken, weil es fragmentarisch ist, hat diese Bindung geschaffen. Wenn es das erkennt, hört die Gebundenheit auf. Man brauchte sich gar nicht anzustrengen. Sobald man sich anstrengt – ist der Konflikt wieder da.

In der Liebe gibt es keine Gebundenheit, wo Gebundenheit ist, da ist keine Liebe. Durch die Verneinung dessen, was Liebe nicht ist, die Verneinung der Bindung, wurde der Hauptfaktor beseitigt. Ich weiß, was das für mein tägliches Leben bedeutet; keine Erinnerung an irgendetwas zu haben, was meine Frau oder meine Freundin getan hat, um mich zu verletzen; keine Bindung an irgendein Bild, welches das Denken sich von ihr geschaffen hat: wie sie mich tyrannisiert hat, wie sie mich getröstet hat, die Vorstellung meines sexuellen Vergnügens, alle die verschiedenen Dinge, von welchen die Bewegung des Denkens Bilder geschaffen hat. Die Bindung an diese Bilder ist verschwunden.

Und es gibt noch andere Faktoren: Muss ich sie alle Stufe für Stufe, einen nach dem anderen durchmachen? Oder ist das alles vorbei? Muss ich sie durchmachen, muss ich sie alle untersuchen, Angst, Vergnügen und die Sehnsucht nach Trost – so wie ich die Bindungen untersucht habe? Ich sehe, dass ich nicht alle diese verschiedenen Faktoren zu untersuchen brauche; ich sehe sie auf einen Blick, ich habe sie erfasst.

Durch die Verneinung all dessen, was nicht Liebe ist, ist Liebe da. Ich brauche nicht zu fragen, was Liebe ist. Ich brauche ihr nicht nachzulaufen. Wenn ich ihr nachlaufe, dann ist es nicht Liebe, dann ist es eine Belohnung. So habe ich in dieser Untersuchung langsam, sorgfältig, ohne Verzerrung, ohne Illusion alles verneint, alles verworfen, was Liebe nicht ist – und dann ist das andere da.

EINSAMKEIT

DIE MEISTEN von uns wissen wohl, was es heißt, einsam zu sein. Wir kennen jenen Zustand, wenn jede Beziehung wie abgeschnitten ist, wenn man kein Gefühl für die Zukunft oder die Vergangenheit hat, nur ein Gefühl vollkommener Isolation. Vielleicht befinden Sie sich in einer großen Menschenmenge, in einem überfüllten Bus, oder Sie sitzen neben Ihrem Freund, Ihrem Mann oder Ihrer Frau, und plötzlich überkommt Sie diese Welle, dieses Gefühl einer entsetzlichen Nichtigkeit, einer Leere, eines Abgrunds. Und die instinktive Reaktion ist, sich davon abzuwenden. Also schalten Sie das Radio ein, schwatzen oder schließen sich einer Gesellschaft an, oder Sie predigen über Gott, Wahrheit, Liebe und dergleichen mehr. Doch ob Sie sich zu Gott oder ins Kino flüchten, alle Fluchtwege sind die gleichen. Ihre Reaktion ist Angst vor dieser völligen Isolation, und Sie laufen davon. Sie kennen die Flucht in den Nationalismus, zu Ihrem Vaterland, Ihren Kindern, Ihrem Ansehen, Ihrem Eigentum, und für all das sind Sie bereit zu kämpfen, zu streiten, zu sterben.

Wenn Sie nun erkennen, dass alle Fluchtwege die gleichen sind, und wenn Sie wirklich erkennen, was Flucht bedeutet, können Sie dann immer noch fliehen? Und wenn Sie nicht fliehen, gibt es dann noch Konflikt? Können Sie mir folgen? Es ist die Flucht vor dem, „was ist", der Versuch, etwas anderes zu erreichen als das, „was ist", was den Konflikt verursacht. Wenn

Sie dieses Gefühl der Einsamkeit überwinden wollen, dieses plötzliche Enden jeder Erinnerung an jede Beziehung, die mit Eifersucht, Neid, Raffgier verbunden ist oder auch dem Versuch, tugendhaft zu sein – dann muss sich Ihr Geist als Erstes all dem stellen, er muss alles durchstehen, so dass die Angst in jeder Form verschwindet. Kann dann der Geist durch einen einzigen Fluchtversuch die Vergeblichkeit aller Fluchtwege erkennen? Dann gibt es keinen Konflikt mehr, nicht wahr? Und weil es keinen Beobachter der Einsamkeit mehr gibt, wird die Einsamkeit zur Erfahrung. Verstehen Sie? Diese Einsamkeit ist das Ende aller Beziehungen; Ideen spielen keine Rolle mehr, das Denken hat seine Bedeutung verloren. Ich beschreibe es, doch bitte, begnügen Sie sich nicht mit Zuhören, denn hinterher wird Ihnen nichts als Asche geblieben sein. Denn der Zweck dieser Erörterungen ist es, sich tatsächlich von all diesen schrecklichen Verstrickungen zu befreien, etwas anderes im Leben zu haben als Konflikt, als die Angst und den Überdruss und die Langeweile des Daseins.

Wo keine Angst ist, da ist Schönheit, nicht die Schönheit, von der die Dichter sprechen und die der Künstler malt, sondern etwas ganz anderes. Und um diese Schönheit zu entdecken, muss man diese vollkommene Isolation durchmachen. Oder vielmehr: Sie müssen sie nicht durchmachen, sie ist da. Sie sind ihr entflohen, aber sie ist da, sie folgt Ihnen immer. Sie ist da, in Ihrem Herzen und Ihrem Geist, in den Tiefen und Nischen Ihres Seins. Sie haben sie unterdrückt, sind vor ihr geflohen, davongelaufen, aber sie ist da. Und der Geist muss sie erfahren wie ein reinigendes Feuer. Kann der Geist die Einsamkeit jetzt ohne eine Reaktion durchstehen, ohne zu sagen, das ist ein schrecklicher Zustand? Sobald Sie eine Reaktion zeigen, ist der Konflikt da. Wenn Sie die Einsamkeit akzeptieren, tragen Sie immer noch ihre Last, und wenn Sie

sie leugnen, werden Sie ihr immer noch hinter der nächsten Ecke begegnen. Wenn der Geist sich keinerlei Reaktion mehr gestattet, dann ist er selbst diese Einsamkeit; er muss sie nicht durchmachen, er ist sie. Sobald Sie denken, Sie müssen sie durchmachen, um etwas anderes zu erreichen, befinden Sie sich wieder in Konflikt. Sobald Sie sagen: „Wie soll ich die Einsamkeit durchmachen, wie soll ich sie wirklich betrachten?“, sind Sie wieder in dem Konflikt gefangen.

Da ist also diese Leere, da ist diese außerordentliche Einsamkeit, die kein Meister, kein Guru, keine Idee, keine Beschäftigung Ihnen abnehmen kann. Sie haben alles ausprobiert, mit allem herumgespielt, aber Sie können diese Leere nicht ausfüllen, sie ist ein Loch ohne Boden. Aber in dem Moment, in dem Sie die Einsamkeit erfahren, ist sie kein Loch ohne Boden mehr. Verstehen Sie?

Sehen Sie, wenn der Geist ganz frei von Konflikt sein soll, vollkommen ohne Anspannung, ohne Angst, dann wird er dieses außerordentliche Gefühl erfahren, keine Beziehung zu irgendetwas zu haben. Bilden Sie sich bitte nicht ein, dass Sie es haben, es ist sehr schwierig. Doch nur in diesem Gefühl des Alleinseins, in dem keine Angst mehr ist, findet eine Bewegung zum Unermesslichen statt, denn dann gibt es keine Illusion, keinen Stifter von Illusionen, keine Kraft mehr, eine Illusion zu schaffen. Solange es noch einen Konflikt gibt, hat man die Macht, eine Illusion zu schaffen, doch mit dem totalen Enden des Konflikts ist alle Angst verschwunden und es gibt kein Suchen mehr.

Verstehen Sie das? Schließlich sind Sie alle hier, weil Sie etwas suchen. Aber haben Sie sich einmal gefragt, was Sie eigentlich suchen? Sie suchen etwas jenseits all des Konflikts und Elends, jenseits von Leid, Qual und Angst. Sie suchen einen Ausweg. Aber wenn Sie verstehen, worüber wir gesprochen haben, dann hört alles Suchen auf, und das ist ein außerordentlicher Geisteszustand.

Das Leben ist ein Prozess von Herausforderung und Reaktion. Es gibt eine äußerliche Herausforderung – die Herausforderung des Krieges, des Todes, der verschiedensten Dinge –, und darauf reagieren wir. Die Herausforderung ist immer neu, doch alle unsere Reaktionen sind immer alt und konditioniert. Ich weiß nicht, ob Ihnen das klar ist. Wenn ich auf die Herausforderung antworten will, muss ich sie erkennen, nicht wahr? Und wenn ich sie erkenne, dann geschieht es unter dem Eindruck der Vergangenheit, also ist es offensichtlich das Alte. Bitte verstehen Sie das, denn ich will jetzt einen Schritt weitergehen.

Für einen Menschen, der sehr introvertiert ist, spielen die äußeren Herausforderungen keine Rolle mehr, doch er erlebt noch immer seine inneren Herausforderungen und Reaktionen. Ich aber spreche von einem Geist, der nicht mehr sucht und daher keine Herausforderung und Reaktion mehr kennt. Das ist kein zufriedener, satter Zustand wie bei einer Kuh. Wenn Sie die Bedeutung der äußeren Herausforderung und Reaktion und die Bedeutung der inneren, selbst gestellten Herausforderung und ihrer Reaktion verstanden haben und das alles schnell hinter sich gelassen haben, ohne Monate und Jahre dazu zu brauchen, dann wird der Geist nicht länger durch äußere Umstände geformt, er ist nicht mehr beeinflussbar. Der Geist, der diese außerordentliche Revolution durchlebt hat, kann jedem Problem begegnen, ohne dass es Spuren hinterlässt oder Wurzeln schlägt. Dann ist jedes Gefühl der Angst verschwunden.

Ich weiß nicht, wie weit Sie mir folgen konnten. Sie müssen verstehen, dass Zuhören kein einfaches Hören ist, Zuhören ist eine Kunst. All dies gehört zur Selbsterkenntnis, und wenn man wirklich zugehört und tief in sich hineingehorcht hat, ist es eine Reinigung. Und was rein ist, empfängt einen Segen, der nicht der Segen der Kirchen ist. ⌘

ERINNERUNGEN

IST ES WIRKLICH möglich, überhaupt nichts zu speichern? Wenn das Gehirn ständig alles aufzeichnet, was passiert, dann ist es nie frei und bereit, still zu sein, es kann dann nie zur Ruhe kommen, friedvoll werden. Wenn die Maschinerie des Gehirns die ganze Zeit arbeitet, dann wird es müde und erschöpft. Das ist offensichtlich. Das passiert in der Beziehung untereinander – egal, um welche Art von Beziehung es sich handelt –, und wenn es eine ständige Aufzeichnung von Allem gibt, dann fängt das Gehirn langsam an, müde zu werden und zu verwelken. Das ist dann im Grunde genommen das Alter.

Bei dieser Untersuchung gelangen wir also zu dieser Frage: Ist es in unseren Beziehungen, mit all ihren Reaktionen und Verästelungen, überhaupt möglich, sich nicht zu erinnern? Dieses Sich-Erinnern und Aufzeichnen geht die ganze Zeit vonstatten. Wir fragen uns, ob es möglich ist, nicht alle Dinge zu speichern, sondern nur das aufzuzeichnen, was absolut notwendig ist. In gewisser Weise ist es notwendig aufzuzeichnen. Man muss zum Beispiel all das speichern, was notwendig ist, um Mathematik zu lernen. Wenn ich Ingenieur werden will, muss ich mir all die Formeln einprägen, die mit Strukturen zu tun haben, und so fort. Wenn ich Physiker sein möchte, muss ich mir einprägen, was zu diesem Thema bereits erforscht worden ist. Wenn ich lernen will, ein Auto zu fahren, muss ich mir Dinge einprägen.

Aber ist es in unseren Beziehungen überhaupt notwendig, sich seelisch, innerlich, Dinge einzuprägen? Ist die Erinnerung an frühere Ereignisse Liebe? Wenn ich meiner Frau sage: „ich liebe dich“, entspringt das dann einer Erinnerung an all die Dinge, die wir gemeinsam erlebt haben, an die Erlebnisse, Herausforderungen und Auseinandersetzungen, die im Gehirn aufgezeichnet und gespeichert sind? Ist diese Erinnerung tatsächlich Liebe?

ERNEUERUNG

GESTERN MORGEN sah ich, wie ein toter Körper fortgetragen wurde, um verbrannt zu werden. Er war in ein helles, purpurfarbenes Tuch gewickelt und schwankte im Rhythmus der vier Sterblichen, die ihn trugen. Ich frage mich, was für einen Eindruck ein toter Körper auf uns macht. Wundern Sie sich nicht, dass es Verfall gibt? Sie kaufen einen brandneuen Motor, und nach wenigen Jahren ist er abgenutzt. Der Körper wird auch abgenutzt. Aber forschen Sie nicht etwas eingehender nach, um herauszufinden, warum der Geist verfällt? Früher oder später gibt es den Tod des Körpers, aber die meisten von uns haben einen Geist, der bereits tot ist. Der Verfall hat schon stattgefunden – und warum verfällt der Geist? Der Körper verfällt, weil wir ihn ständig benutzen und der physische Organismus sich abnutzt. Krankheit, Unfall, Alter, schlechte Nahrung, ungünstige Vererbung – all dies sind die Faktoren, die den Verfall und Tod des Körpers verursachen. Warum aber sollte der Geist verfallen, alt, schwerfällig und abgestumpft werden?

Haben Sie sich nie darüber gewundert, wenn Sie einen toten Körper sehen? Obwohl unsere Körper sterben müssen, warum sollte der Geist jemals verfallen? Ist Ihnen diese Frage nie in den Sinn gekommen? Denn der Geist verfällt in der Tat – wir sehen das nicht nur bei alten Leuten, sondern auch bei jungen. Wir sehen bei den jungen, wie der Geist bereits stumpf, schwerfällig, unsensibel wird; und wenn wir herausfinden könnten, warum der Geist verfällt, dann könnten wir vielleicht etwas wirklich Unzerstörbares entdecken. Wir verstehen dann vielleicht, was ewiges Leben ist, das Leben, das nicht endet, das zeitlos ist, das Leben, das unzerstörbar ist, das nicht verfällt wie der Körper, der zu den Verbrennungsstätten getragen und verbrannt wird und dessen Überreste in den Fluss geworfen werden.

Also, warum verfällt der Geist? Habt ihr ganz jungen Leute unter meinen Zuhörern darüber je nachgedacht? Da ihr noch sehr jung seid – und wenn ihr noch nicht von der Gesellschaft, von euren Eltern, von den Lebensumständen abgestumpft seid –, habt ihr einen frischen, eifrigen, wissbegierigen Geist. Ihr wollt wissen, warum die Sterne existieren, warum die Vögel sterben, warum die Blätter fallen, wie Düsenflugzeuge fliegen. Ihr wollt so viele Dinge wissen. Aber dieser lebendige Drang zu erforschen, zu erkunden, wird schnell erstickt, nicht wahr? Er wird erstickt von der Furcht, vom Gewicht der Tradition, von unserer eigenen Unfähigkeit, uns dieser außerordentlichen Angelegenheit zu stellen, die man Leben nennt. Habt ihr nicht festgestellt, wie schnell euer lebhafter Eifer von einem scharfen Wort zerstört wird, von einer abwertenden Geste, von der Angst vor einer Prüfung oder der Drohung der Eltern – was bedeutet, dass unsere Empfindsamkeit bereits beseitigt worden und der Geist abgestumpft ist.

Eine weitere Ursache der Dumpfheit ist Imitation. Ihr sollt die Tradition imitieren. Die Last der Vergangenheit treibt auch dazu, euch anzupassen, euch gleichzuschalten, und in der Konformität fühlt sich der Geist sicher und sorglos; er hält sich an ein gut geöltes Geleise, so dass er leicht und ohne Störung laufen kann und ohne den leisesten Zweifel. Beobachtet die Erwachsenen um euch herum, und ihr werdet sehen, dass ihr Geist nicht gestört werden will. Sie wollen ihren Frieden, obwohl es ein toter Frieden ist, aber wahrer Frieden ist etwas gänzlich anderes.

Wenn sich der Geist an ein Geleise oder Muster hält, habt ihr nicht bemerkt, dass das immer vom Wunsch nach Sicherheit ausgelöst wird? Deshalb folgt er einem Ideal, einem Beispiel, einem Guru. Er möchte sicher sein, ungestört, und deshalb imitiert er. Wenn ihr in euren Geschichtsbüchern über große Führer, Heilige, Krieger lest, stellt ihr dann nicht fest, dass ihr sie kopieren wollt? Nicht dass es keine großen Leute in der Welt gibt; es gibt aber den Instinkt, große Leute zu imitieren, es ihnen gleichzutun; und das ist einer der Faktoren des Verfalls, weil sich der Geist dann einer Form anpasst.

Darüber hinaus will die Gesellschaft keine Individuen, die wach, scharfsinnig und revolutionär sind, weil solche Individuen nicht in die etablierten Sozialstrukturen passen und diese vielleicht auflösen werden. Deshalb sucht die Gesellschaft euren Geist in ihren Mustern zu halten, und deshalb ermutigt euch eure so genannte Erziehung, zu imitieren, zu folgen, konform zu gehen.

Kann der Geist nun aufhören zu imitieren? Das heißt, kann er aufhören, Gewohnheiten zu bilden? Und kann der Geist, der schon in Gewohnheiten gefangen ist, frei von Gewohnheiten werden?

Der Geist ist das Ergebnis von Gewohnheiten, oder nicht? Er ist das Resultat von Tradition, das Resultat von Zeit. Zeit ist Wiederholung, eine Fortsetzung der Vergangenheit. Und kann der Geist, euer Geist, aufhören, vom Standpunkt des Vergangenen aus zu denken – und des Zukünftigen, das in Wahrheit eine Projektion des Vergangenen ist? Kann euer Geist frei von Gewohnheiten sein und davon, neue Gewohnheiten anzunehmen? Falls ihr sehr gründlich auf dieses Problem eingeht, werdet ihr feststellen, dass er das kann. Und wenn der Geist sich selbst erneuert, ohne neue Muster und Gewohnheiten zu bilden, ohne wiederum in die vorgezeichnete Spur der Imitation zu verfallen, dann bleibt er frisch, jung und unschuldig und ist deshalb eines Verstehens fähig, das unendlich ist.

Für einen solchen Geist gibt es keinen Tod, weil es den Prozess des Ansammelns nicht mehr gibt. Es ist dieser Prozess des Ansammelns, der Gewohnheiten und Imitation schafft; und der Geist, der ansammelt, verfällt und stirbt. Ein Geist jedoch, der nicht anhäuft, nicht sammelt, der jeden Tag, in jeder Minute stirbt – für einen solchen Geist gibt es keinen Tod. Er ist unbegrenzter Raum.

Der Geist muss allem sterben, was er angesammelt hat – allen Gewohnheiten, nachgeahmten Tugenden, allen Dingen, auf die er sich aus seinem Bedürfnis nach Sicherheit heraus verließ. Dann bleibt er nicht länger im Netz seines eigenen Denkens gefangen. Indem er von Augenblick zu Augenblick für das Vergangene stirbt, wird der Geist frisch und kann deshalb nie verfallen oder die Welle der Dunkelheit in Bewegung setzen.

ERZIEHUNG

OB WIR UNS wohl jemals gefragt haben, was Erziehung bedeutet? Warum gehen wir zur Schule, warum lernen wir die verschiedensten Fächer, warum legen wir Prüfungen ab und versuchen, bessere Noten als andere zu bekommen? Was hat diese so genannte Erziehung zu bedeuten, worum handelt es sich dabei überhaupt? Das ist wirklich eine sehr wichtige Frage, nicht nur für Schüler und Studenten, sondern auch für Eltern, für Lehrer und für jeden, der diese Erde liebt. Warum unterziehen wir uns der Mühe, gebildet zu werden? Nur um irgendwelche Prüfungen zu bestehen und Arbeit zu bekommen? Oder ist es die Aufgabe der Erziehung, uns, solange wir noch jung sind, darauf vorzubereiten, den ganzen Vorgang des Lebens zu verstehen? Arbeit zu haben und den eigenen Lebensunterhalt zu verdienen ist notwendig – aber ist das alles? Werden wir nur dafür ausgebildet? Sicher ist das Leben nicht nur ein Job, eine Beschäftigung; Leben ist etwas außergewöhnlich Weites und Tiefgründiges, es ist ein großes Mysterium, ein weites Reich, in dem wir als menschliche Wesen wirken. Falls wir uns nur darauf vorbereiten, den Lebensunterhalt zu verdienen, werden wir den Grund des Lebens verpassen. Das Leben zu verstehen ist wichtiger, als sich lediglich auf Examina vorzubereiten und Mathematik, Physik oder sonst etwas zu beherrschen.

Ob wir also Lehrer oder Schüler sind: Ist es nicht wichtig, uns zu fragen, warum wir erziehen oder erzogen werden? Und was bedeutet Leben? Ist das Leben nicht etwas Außergewöhnliches? Die Vögel, die Blumen, die grünenden Bäume, die Himmel, die Sterne, die Flüsse und die Fische darin – all das ist Leben. Leben ist der Arme und der Reiche; Leben ist der ständige Kampf zwischen Gruppen, Rassen und Nationen; Leben ist Meditation; Leben ist, was wir Religion nennen, und es umfasst auch die subtilen, verborgenen Dinge des Geistes – Eifersucht, Ehrgeiz, Leidenschaft, Furcht, Erfüllung und Angst. All dies und viel mehr ist Leben. Aber wir bereiten uns im Allgemeinen nur darauf vor, einen kleinen Teil davon zu verstehen. Wir bestehen bestimmte Prüfungen, finden eine Arbeit, heiraten, haben Kinder und werden dann mehr und mehr zu Maschinen. Wir bleiben furchtsam, ängstlich und schrecken vor dem Leben zurück. Ist es also die Aufgabe der Erziehung, uns zu helfen, den ganzen Vorgang des Lebens zu verstehen, oder besteht sie nur darin, uns auf einen Beruf vorzubereiten, auf den besten Job, den wir bekommen können?

Was wird mit uns allen geschehen, wenn wir zu Männern und Frauen heranwachsen? Habt ihr jemals gefragt, was ihr tun werdet, wenn ihr erwachsen seid? Aller Wahrscheinlichkeit nach werdet ihr heiraten, und bevor ihr euch verseht, werdet ihr Mütter und Väter sein; und ihr werdet an eine Arbeit gebunden sein oder an die Küche, wo ihr allmählich dahinwelken werdet. Wird das euer ganzes Leben sein? Habt ihr euch diese Frage jemals vorgelegt? Solltet ihr sie nicht stellen? Wenn eure Familie reich ist, mag euch eine ziemlich gute Position schon sicher sein; euer Vater gibt euch vielleicht eine angenehme Arbeit, oder ihr werdet reich verheiratet; aber auch dort werdet ihr verfallen und verkommen. Seht ihr?

Sicher hat Bildung keine Bedeutung, wenn sie den Menschen nicht hilft, das weite Feld des Lebens mit all seinen Feinheiten zu verstehen, mit seiner ungewöhnlichen Schönheit, seinen Sorgen und Freuden. Ihr mögt die Abschlüsse schaffen, mehrere Titel erwerben und eine sehr gut bezahlte Arbeit finden – aber was dann? Was liegt schon daran, wenn euer Geist dabei abstumpft, müde, dumpf und dumm wird. Müsst ihr also nicht, während ihr jung seid, herauszufinden suchen, worum es im Leben wirklich geht? Und besteht nicht die wahre Funktion von Erziehung darin, in euch jene Intelligenz zu fördern, welche die Antworten auf all diese Probleme zu finden sucht? Wisst ihr, was Intelligenz ist? Es ist sicher die Fähigkeit, frei zu denken, ohne Angst und ohne Schablone, so dass ihr beginnen könnt, selbst zu entdecken, was real, was wahr ist. Wenn ihr aber Angst habt, werdet ihr niemals intelligent sein. Jede Form von Ehrgeiz, sei sie spirituell oder weltlich, bringt Furcht und Angst hervor. Ehrgeiz hilft deshalb nicht, einen Geist hervorzubringen, der klar, einfach, direkt und infolgedessen intelligent ist.

Wisst ihr, es ist wirklich sehr wichtig, dass ihr in einer Umwelt ohne Angst lebt, solange ihr jung seid. Die meisten von uns werden ängstlich, wenn sie älter werden; wir haben Angst vor dem Leben, Angst vor Arbeitslosigkeit, Angst vor Tradition, Angst davor, was die Nachbarn oder die Ehefrau oder der Ehemann sagen könnten, Angst vor dem Tod. Die meisten von uns haben in der einen oder anderen Form Angst, und wo Angst herrscht, ist keine Intelligenz. Und ist es nicht für uns alle möglich, während wir jung sind, in einer Umgebung zu leben, in der nicht Angst, sondern vielmehr eine Atmosphäre von Freiheit herrscht – nicht etwa die Freiheit zu tun, was wir wollen, sondern den ganzen Vorgang des Lebens zu verstehen? Das Leben ist wirklich sehr schön, es ist nicht diese hässliche Sache, die wir daraus gemacht haben. Ihr könnt seine Fülle, seine Tiefe, seine außerordentliche Lieblichkeit nur schätzen, wenn ihr euch gegen alles auflehnt – gegen organisierte Religion, gegen Tradition, gegen die gegenwärtige verdorbene Gesellschaft – so dass ihr als ein menschliches Wesen selbst herausfindet, was wahr ist. Nicht zu imitieren, sondern zu entdecken – das ist Bildung. Es ist sehr leicht, sich dem anzupassen, was eure Gesellschaft oder eure Eltern und Lehrer euch sagen. Das ist eine sichere und leichte Art der Existenz; aber das ist nicht Leben, denn darin liegen Furcht, Zerfall und Tod. Leben ist: selbst herauszufinden, was wahr ist, und das könnt ihr nur, wenn es Freiheit gibt, wenn es eine ständige innere Revolution gibt, in euch selbst.

Aber ihr werdet dazu nicht ermuntert; keiner rät euch, selbst zu fragen, selbst herauszufinden, was Gott ist, weil ihr, wenn ihr aufbegehren würdet, zu einer Gefahr für alles würdet, was falsch ist. Eure Eltern und die Gesellschaft möchten, dass ihr sicher lebt, und ihr wollt auch sicher leben. Sicher zu leben bedeutet im Allgemeinen, andere zu imitieren und deshalb in Furcht zu leben. Besteht aber nicht die Aufgabe der Erziehung darin, jedem von uns zu helfen, frei und ohne Furcht zu leben? Und eine Atmosphäre zu schaffen, in der keine Angst besteht, erfordert ein tieferes Nachdenken sowohl von eurer Seite wie von Seiten des Lehrers, des Erziehers.

Wisst ihr, was das heißt – welch außergewöhnliche Sache es sein würde, eine Atmosphäre zu schaffen, in der es keine Furcht gibt? Und wir müssen sie schaffen, weil wir sehen, dass die Welt in endlose Kriege verstrickt ist, dass sie von Politikern geführt wird, die immerfort Macht anstreben; es ist eine Welt von Rechtsanwälten, Polizisten und Soldaten, von ehrgeizigen Männern und Frauen, die alle Positionen anstreben und sich bekämpfen, um sie zu erlangen. Dann gibt es die so genannten

Heiligen, die religiösen Gurus mit ihren Anhängern; sie wollen auch Macht und Rang, jetzt oder im nächsten Leben. Es ist eine verrückte, völlig verwirrte Welt, in welcher der Kommunist den Kapitalisten bekämpft, der Sozialist beiden widersteht, und sich jeder gegen Andersdenkende wendet, während sich jedermann bemüht, einen sicheren Hort, eine Machtposition oder Wohlstand zu erreichen. Die Welt wird zerrissen von widerstreitenden Glaubensrichtungen, von Klassen- und Kastengegensätzen, von verschiedenen Nationalitäten, von Dummheit und Grausamkeit in jeglicher Form – und ihr werdet dazu erzogen, in diese Welt hineinzupassen. Ihr werdet ermutigt, euch in den Rahmen dieser katastrophalen Gesellschaft einzufügen; eure Eltern wollen das, und auch ihr wollt euch anpassen.

Besteht die Aufgabe der Erziehung also lediglich darin, euch dabei zu helfen, euch nach dem Muster dieser verdorbenen Gesellschaftsordnung zu richten, oder besteht sie darin, euch Freiheit zu geben – die vollständige Freiheit, zu wachsen und eine andere Gesellschaft, eine neue Welt zu erschaffen? Wir wollen diese Freiheit nicht in der Zukunft, sondern jetzt – sonst werden wir womöglich alles zerstören. Wir müssen sofort eine Atmosphäre der Freiheit schaffen, damit ihr leben und selbst herausfinden könnt, was wahr ist, damit ihr intelligent werdet, damit ihr euch der Welt stellen könnt und sie versteht und euch nicht nur anpasst, damit ihr innerlich, tief im Innern, psychisch in ständiger Revolte seid, denn nur diejenigen, die sich in ständiger Revolte befinden, werden entdecken, was wahr ist, und nicht der Mensch, der sich anpasst, der irgendeiner Tradition folgt. Nur wenn ihr unaufhörlich nachforscht, unaufhörlich beobachtet, unaufhörlich lernt, werdet ihr Wahrheit, Gott oder Liebe finden – und ihr könnt nicht nachforschen, beobachten und lernen, ihr könnt nicht tiefgründig denken, wenn ihr Angst habt. Die Aufgabe der Erziehung besteht sicherlich darin, euch sowohl innen wie außen diese Angst zu nehmen, die das menschliche Denken, die menschliche Beziehung und Liebe zerstört.

FAULHEIT

WAS IST an Faulheit schlimm? Was ist schlimm daran, nur still dazusitzen und einem fernen Klang zu lauschen, der näher und näher kommt? Oder daran, am Morgen im Bett zu liegen und den Vögeln in einem nahen Baum zuzuschauen, oder einem einzelnen Blatt, das in einem Lufthauch tanzt, während alle anderen Blätter ganz still sind? Was ist daran falsch? Wir verurteilen Faulheit, weil wir glauben, es sei falsch, faul zu sein. Also lassen Sie uns herausfinden, was wir mit Faulheit meinen. Wenn Sie sich wohl fühlen und dennoch über eine bestimmte Stunde hinaus im Bett bleiben, nennen manche Leute Sie vielleicht faul. Wenn Sie nicht spielen oder lernen wollen, weil Ihnen die Energie dazu fehlt oder Sie sich nicht wohl fühlen, mag auch das von manchen Faulheit genannt werden. Aber was ist Faulheit wirklich?

Wenn der Geist sich seiner Reaktionen, seiner subtilen Bewegungen nicht bewusst ist, dann ist ein solcher Geist faul und unwissend. Wenn Sie Prüfungen nicht bestehen, wenn Sie nicht viele Bücher gelesen haben und schlecht informiert sind, ist das nicht Unwissenheit. Wirkliche Unwissenheit besteht darin, keine Kenntnis von sich selbst zu haben, nicht wahrzunehmen, wie Ihr Geist arbeitet, welche Motive Sie haben und wie Sie reagieren. Und Sie sind gleichfalls faul, wenn der Geist eingeschlafen ist. Und der Geist der meisten Menschen schläft in der Tat. Sie sind von Informationen betäubt, von den Schriften, von dem, was Shankara oder sonst jemand gesagt hat. Sie folgen einer Philosophie, praktizieren Übungen, so dass Ihr Geist – der reich, voll und überfließend sein sollte wie ein Fluss – eng, stumpf und erschöpft wird. Ein solcher Geist ist faul. Und ein Geist, der ehrgeizig ist und ein Ziel anstrebt, ist nicht im wahren Sinn des Wortes aktiv; obwohl er oberflächlich betrachtet aktiv sein mag, vorwärts drängt, den ganzen Tag lang arbeitet, um zu bekommen, was er möchte, ist er unter der Oberfläche unbeweglich aus Verzweiflung und Frustration.

Man muss also sehr genau beobachten, um herauszufinden, ob man wirklich faul ist. Nehmen Sie es nicht einfach an, wenn Leute Ihnen sagen, Sie seien faul. Stellen Sie selbst fest, was Faulheit ist. Der Mensch, der nur akzeptiert, ablehnt oder imitiert, der Mensch, der sich aus Angst nur im gewohnten Gleise bewegt – ein solcher Mensch ist faul, und deshalb verfällt sein Geist und bricht zusammen. Ein Mensch aber, der beobachtet, ist nicht faul, obwohl er vielleicht oft sehr ruhig dasitzt und die Bäume, die Vögel, die Leute, die Sterne und den stillen Strom betrachtet.

FREIHEIT

ICH MÖCHTE gern das Problem Freiheit mit Ihnen erörtern. Es ist ein sehr komplexes Problem, das tiefgründiges Studium und Verständnis erfordert. Wir hören viel von Freiheit, von religiöser Freiheit und der Freiheit zu tun, was man will. Umfangreiche Bücher sind von Fachleuten darüber geschrieben worden. Aber ich denke, wir können das Problem sehr einfach und direkt angehen, und vielleicht bringt uns das die wahre Lösung.

Ich frage mich, ob Sie je innegehalten haben, um das wundervolle Verglühen der Sonne im Westen zu beobachten, während der scheue junge Mond gerade über den Bäumen erschien? Zu dieser Stunde ist der Fluss oft sehr still, und alles wird von seiner Oberfläche gespiegelt: die Brücke, der Zug, der darüber fährt, der zarte Mond, und dann, während es dunkler wird, die Sterne. Das alles ist sehr schön. Und um zu beobachten, wahrzunehmen, um Ihre ganze Aufmerksamkeit etwas Schönem zu widmen, muss Ihr Geist frei von Beschäftigungen sein, nicht wahr? Er darf nicht mit Problemen, mit Sorgen, mit Spekulationen beschäftigt sein. Nur dann, wenn der Geist sehr ruhig ist, können Sie wirklich beobachten, denn nur dann ist der Geist empfänglich für außergewöhnliche Schönheit; und vielleicht liegt darin der Schlüssel zu unserem Problem der Freiheit.

Was bedeutet es nun, frei zu sein? Bedeutet Freiheit, zu tun, was uns beliebt, zu gehen, wohin man will, zu denken, was man möchte? Das tun Sie ohnehin. Nur Unabhängigkeit zu haben, bedeutet das Freiheit? Viele Leute in der Welt sind unabhängig, aber sehr wenige sind frei. Freiheit beinhaltet große Intelligenz, nicht wahr? Frei zu sein ist, intelligent zu sein, aber Intelligenz entsteht nicht einfach aufgrund des Wunsches, frei zu sein. Sie entsteht nur, wenn Sie anfangen, Ihre ganze Umgebung zu verstehen, die sozialen, religiösen, elterlichen und traditionellen Einflüsse, denen Sie ständig unterliegen. Aber die unterschiedlichen Einflüsse zu verstehen – die Einflüsse Ihrer Eltern, Ihrer Regierung, der Gesellschaft, der Kultur, der Sie angehören, Ihres Glaubens, Ihrer Götter und Ihres Aberglaubens, Ihrer Tradition, der Sie sich ohne nachzudenken anpassen – all das zu verstehen und davon frei zu werden, erfordert tiefe Einsicht. Aber im Allgemeinen unterwerfen Sie sich diesen Einflüssen, weil Sie innerlich verschreckt sind. Sie haben Angst davor, keine gute Position zu erreichen. Sie haben Angst davor, was Ihr Priester sagen wird. Sie haben Angst davor, einer Tradition nicht zu folgen, davor, etwas nicht richtig zu machen. Freiheit ist aber in Wirklichkeit ein Geisteszustand, in dem es keine Furcht, keinen Zwang und keinen Drang nach Absicherung gibt.

Möchten nicht die meisten von uns sicher sein? Wollen wir nicht hören, welch wunderbare Menschen wir sind, wie gut wir aussehen oder welch ungewöhnliche Intelligenz wir haben? Sonst würden wir ja keine Titel vor unsere Namen stellen. All das gibt uns Selbstsicherheit und ein Gefühl von Wichtigkeit. Wir alle wollen berühmte Leute sein – und in dem Augenblick, in dem wir etwas sein wollen, sind wir nicht länger frei.

Verstehen Sie dies bitte, denn es ist der wirkliche Schlüssel zum Verständnis des Problems Freiheit. Ob in dieser Welt der Politik, der Macht, Stellung und Autorität oder in der so genannten spirituellen Welt, in der Sie sich darum bemühen, tugendhaft, edel, heilig, zu sein – von dem Moment an, in dem Sie jemand sein wollen, sind Sie nicht mehr frei. Der Mann oder die Frau, wer immer die Absurdität all dieser Dinge sieht und dessen Herz deshalb unschuldig ist und nicht vom Wunsch bewegt wird, „jemand" zu sein – eine solche Person ist frei. Wenn Sie diese Einfachheit verstehen, werden Sie auch ihre außergewöhnliche Schönheit und Tiefe sehen.

Schließlich dienen ja alle Prüfungen diesem Zweck: Ihnen eine Stellung zu geben, Sie zu jemandem zu machen. Titel, Stellung und Wissen ermuntern Sie dazu, etwas zu sein. Haben Sie nicht bemerkt, dass Ihre Eltern und Lehrer Ihnen sagen, dass Sie etwas aus sich machen müssen, dass Sie so erfolgreich sein müssen wie Ihr Onkel oder Ihr Großvater? Oder Sie versuchen, dem Vorbild eines Helden zu folgen, wie die Meister zu sein, die Heiligen – also werden Sie nie frei sein. Ob Sie dem Beispiel eines Meisters, eines Heiligen, eines Lehrers, eines Verwandten folgen oder sich an eine bestimmte Tradition halten – immer treibt Sie Ihr Verlangen, etwas zu sein; und nur wenn Sie diesen Umstand wirklich verstehen, gibt es Freiheit.

Die Aufgabe der Erziehung besteht also darin, Ihnen von Kindheit an zu helfen, niemanden zu imitieren, sondern immer ganz Sie selbst zu sein. Und das ist am schwersten: ob Sie hässlich oder wunderschön, neidisch oder eifersüchtig sind, immer zu sein, was Sie sind, und das auch zu verstehen. Sie selbst zu sein, ist sehr schwierig, weil Sie meinen, was Sie sind, sei unedel, und wenn Sie nur etwas Edles werden könnten, dann wäre das ganz herrlich; aber das passiert nie. Wenn Sie sich aber anschauen und verstehen, was Sie jetzt sind, dann liegt gerade in diesem Verständnis eine Transformation. Freiheit liegt also nicht im Versuch, etwas anderes zu werden, nicht darin, immer zu tun, was einem gerade Spaß macht, und nicht darin, der Autorität Ihrer Tradition, Ihrer Eltern oder Ihres Gurus zu folgen, sondern im Verständnis dessen, was Sie selbst von Augenblick zu Augenblick sind.

Sie sehen, Sie sind dafür nicht ausgebildet worden; Ihre Erziehung ermutigt Sie, dies oder das zu werden – aber das ist kein Selbsterkennen. Ihr „Selbst“ ist eine sehr komplexe Angelegenheit; es ist nicht nur das Wesen, das zur Schule geht, sich streitet, spielt und Angst hat, sondern auch etwas Verstecktes, nicht Offensichtliches. Das Selbst besteht nicht nur aus all den Gedanken, die Sie denken, sondern auch aus all dem, was durch andere Leute, durch Bücher, Zeitungen und Ihre Führer in Ihren Geist gelegt wurde. Und es ist nur dann möglich, all das zu verstehen, wenn Sie nicht jemand sein wollen, wenn Sie nichts imitieren, wenn Sie niemandem folgen – was in Wirklichkeit bedeutet: wenn Sie sich gegen die ganze Tradition auflehnen, jemand zu werden. Das ist die einzig wahre Revolution, und sie führt zu außergewöhnlicher Freiheit. Diese Freiheit zu kultivieren ist die wahre Aufgabe von Bildung und Erziehung.

Ihre Eltern, Ihre Lehrer und Ihre eigenen Wünsche möchten, dass Sie sich mit irgendetwas identifizieren, damit Sie glücklich und sicher sind. Um aber intelligent zu sein, müssen Sie dazu nicht alle Einflüsse durchbrechen, die Sie versklaven und niederwerfen?

Die Hoffnung auf eine neue Welt liegt in jenen von Ihnen, die zu sehen beginnen, was falsch ist, und sich dagegen nicht nur verbal, sondern tatsächlich erheben. Und das ist der Grund, warum Sie nach der richtigen Art von Bildung suchen sollten; denn nur, wenn Sie in Freiheit wachsen, können Sie eine neue Welt schaffen, die nicht auf Tradition beruht oder nach der eigenwilligen Vorstellung eines Philosophen oder Idealisten geformt ist. Es kann aber so lange keine Freiheit geben, solange Sie nur versuchen, jemand zu sein oder ein nobles Beispiel imitieren.

MENSCHEN SIND VERHEIRATET oder befreundet, aber sie kennen und verstehen einander nie ganz. Man glaubt, man kennt einander, weil man während des Zusammenlebens mit dem anderen Erinnerungen an unterschiedliche Begebenheiten angesammelt hat, Irritationen und all die Ereignisse im Alltag. So wie der andere seinerseits Reaktionen erlebt hat – und in seinem Gehirn gespeichert hat. Diese Bilder spielen eine enorm wichtige Rolle im Leben.

Anscheinend sind nur sehr wenige unter uns frei von jeglicher Form von Bildern. Die Freiheit von Bildern ist echte Freiheit. In dieser Freiheit gibt es keine Trennung, die durch Images bewirkt wird. Wenn man ein Hindu ist, der in Indien geboren wurde, mit all den Prägungen, denen man dort unterworfen ist, den Konditionierungen durch die Rasse oder eine bestimmte Gruppe mit ihrem Aberglauben oder religiösen Überzeugungen, Dogmen und Ritualen – die gesamte Struktur dieser Gesellschaft: dann lebt man mit diesem Komplex von Bildern, die einen geprägt haben. Und so viel man auch über Bruderschaft, Einheit, Ganzheit sprechen mag, sind das alles leere Worte, die keine tatsächliche Bedeutung im Alltag haben. Wenn man sich jedoch von all diesen aufgezwungenen Prägungen befreit, von der Konditionierung durch den ganzen abergläubischen Unfug, dann zerbricht man das Image. Und so ist es auch in der Beziehung, wenn man verheiratet ist oder mit jemandem zusammen lebt, möglich, überhaupt kein Image zu erzeugen – Ereignisse, die in der Beziehung schön oder leidvoll sind, nicht aufzuzeichnen, weder die Beleidigung noch das Kompliment zu speichern, weder die Ermunterung noch die Entmutigung. ꕤ

WISSEN SIE, FREIHEIT KANN es nur geben, wenn der Geist nicht in Konflikt ist. Die meisten von uns befinden sich im Konflikt. Sie hypnotisieren sich selbst oder Sie identifizieren sich mit einem Anliegen, mit einem Thema, einer Philosophie, mit irgendeiner Sekte oder einem Glauben – Sie haben sich damit so identifiziert, dass Sie einfach gebannt sind und Sie leben in einem Zustand des Schlafes. Die meisten von uns sind in Konflikt; das Ende dieses Konfliktes ist Freiheit. Wenn Konflikt besteht, können Sie keine Freiheit haben. Sie mögen danach streben, Sie mögen sie sich wünschen, aber Sie können sie nie haben.

GLÜCK-
SELIGKEIT

GLÜCKSGEFÜHL UND VERGNÜGEN kannst du auf jedem Markt zu jedem Preis kaufen. Doch wahre Glückseligkeit kannst du nicht kaufen – weder dir selbst noch einem anderen. Glücksgefühl und Vergnügen sind zeitgebunden. Seligkeit kann nur in vollkommener Freiheit existieren. Vergnügen wie auch Glücksgefühl kannst du auf mancherlei Weise suchen und finden. Aber sie kommen und gehen. Seligkeit – dieses seltsame Gefühl der Freude – kennt kein Motiv. Du kannst sie unmöglich suchen. Wenn sie einmal da ist, vorausgesetzt, du bist in der richtigen Geistesverfassung, dann bleibt sie: zeitlos, ursachlos und nicht in Zeitbegriffen messbar. Meditation ist nicht die Jagd nach dem Vergnügen und die Suche nach dem Glück. Im Gegenteil, Meditation ist ein Geisteszustand, in dem keine Idee oder Formel herrscht, sondern vollkommene Freiheit. Nur in einem solchen Geist kann diese Seligkeit aufkommen – ungesucht und ungebeten. Wenn sie einmal da ist, dann kannst du in der Welt mit all ihrem Lärm, ihren Vergnügungen und ihrer Brutalität leben. Sie werden diesen Geist nicht berühren. Wenn diese Seligkeit einmal da ist, dann hat der Konflikt aufgehört. Doch das Ende des Konflikts ist nicht unbedingt die vollkommene Freiheit. Meditation ist eine Bewegung des Geistes in dieser Freiheit. In diesem Aus-

bruch von Seligkeit wird der Blick unschuldig, und d
ist dann eine Segnung.

HANDELN

KÖNNEN WIR VERSUCHEN, dem Folgenden zuzuhören, ohne sofort mit Ablehnung oder Zustimmung zu reagieren? Bitte lehnen Sie nicht sofort ab, wenn Sie mit etwas Neuem konfrontiert werden. Das soll nicht heißen, dass wir alles akzeptieren müssen. Das wäre wirklich absurd, denn dann würden wir lediglich Autorität aufbauen, und Autorität macht eigene Gedanken und Gefühle unmöglich, man kann nichts Neues entdecken. Da die meisten von uns dazu neigen, etwas zu akzeptieren, ohne es richtig zu verstehen, besteht die Gefahr, dass wir auch das Folgende gedankenlos und ungeprüft hinnehmen. In dieser Rede werde ich vielleicht etwas Neues sagen oder etwas anders ausdrücken, und das wird Ihnen entgehen, wenn Sie nicht mit der Gelassenheit, der Ruhe zuhören, die zu einem Verstehen führt.

Ich möchte ein Thema erörtern, das ziemlich schwierig ist, nämlich die Frage des Handelns, der Aktivität und der Beziehung. Doch müssen wir zunächst klären, was wir unter Aktivität verstehen, was wir als Handeln bezeichnen. Denn unser ganzes Leben scheint auf Handeln oder vielmehr auf Aktivität zu basieren. Ich möchte zwischen Aktivität und Handeln unterscheiden. Wir sind ganz darauf eingestellt, etwas zu tun; wir sind so rastlos, immer in Bewegung, müssen um jeden Preis etwas tun, um weiterzukommen, etwas zu erreichen, nach Erfolg zu streben. Und was hat Aktivität in einer Beziehung zu suchen?

Denn das Leben ist eine Frage der Beziehung. Nichts kann in der Vereinzelung existieren, und wenn Beziehung nichts anderes ist als Aktivität, dann hat sie nicht viel Bedeutung. Ich weiß nicht, ob Sie bemerkt haben, dass in dem Moment, in dem Sie aufhören, aktiv zu sein, sofort ein Gefühl nervöser Spannung aufkommt; Sie fühlen sich, als seien Sie nicht wirklich am Leben, nicht auf dem Posten, wenn Sie nicht etwas zu erledigen haben. Und hinzu kommt die Angst, allein zu sein, allein einen Spaziergang zu machen, für sich zu sein, ohne ein Buch, ohne ein Radio, ohne zu sprechen, die Angst, ruhig dazusitzen, ohne ständig etwas mit Ihren Händen oder Ihrem Verstand oder Ihrem Herzen zu tun.

Um Aktivität zu verstehen, müssen wir also unbedingt Beziehung verstehen, nicht wahr? Wenn wir Beziehung als eine bloße Ablenkung, als Flucht vor etwas anderem verstehen, dann ist sie nichts anderes als eine Aktivität. Und ist nicht unsere Beziehung meist nur eine Ablenkung, und besteht deshalb lediglich aus einer Folge von Aktivitäten? Wie ich schon sagte, Beziehung hat nur wirklich eine Bedeutung, wenn sie ein Problem der Selbstenthüllung ist, in dem man während des eigenen Handelns in seiner Beziehung sich selbst erkennt. Doch die meisten von uns wollen sich in einer Beziehung nicht selbst entblößen. Im Gegenteil, wir benutzen die Beziehung als ein Mittel, unser eigenes Ungenügen, unsere eigenen Schwierigkeiten, unsere eigene Unsicherheit zu verschleiern. So wird aus der Beziehung eine bloße Bewegung, eine bloße Aktivität. Ich weiß nicht, ob Sie bemerkt haben, dass eine Beziehung sehr schmerzlich ist, solange sie nicht ein Prozess der Enthüllung ist, in dem Sie sich selbst entdecken. Dann ist die Beziehung nur ein Mittel der Flucht vor sich selbst.

Es ist wichtig, dies zu verstehen, denn die Frage der Selbsterkenntnis stellt sich in der Entwicklung einer Beziehung, sei es zu Dingen, zu Menschen oder zu Ideen. Kann Beziehung auf einer Idee basieren? Jeder Akt, der auf einer Idee basiert, kann doch nichts anderes sein als die Fortführung dieser Idee, und das ist Aktivität. Handeln jedoch basiert nicht auf einer Idee. Handeln ist unmittelbar, spontan, direkt, der Denkprozess ist dabei nicht im Spiel. Wenn wir uns jedoch in unserem Handeln auf eine Idee stützen, wird es zur Aktivität, und wenn wir unsere Beziehung auf einer Idee aufbauen, dann ist auch sie nichts als Aktivität ohne Verstehen. Dann folgt sie nur einem Rezept, einem Muster, einer Idee. Weil wir etwas aus der Beziehung profitieren wollen, ist eine derartige Beziehung immer beschränkend, begrenzend, einengend.

Eine Idee wird aus einem Wunsch, einem Verlangen, einer Absicht geboren. Wenn ich eine Beziehung zu dir habe, weil ich dich brauche, körperlich oder seelisch, dann basiert diese Beziehung offensichtlich auf einer Idee, denn ich will etwas von dir haben. Und eine solche Beziehung, die auf einer Idee basiert, kann kein selbstenthüllender Prozess sein. Sie ist nichts als eine Triebkraft, eine Aktivität, eine Monotonie, in der sich eine Gewohnheit verfestigt. Daher ist eine solche Beziehung immer anstrengend und schmerzlich, sie besteht aus qualvollen Auseinandersetzungen.

Ist es möglich, eine Beziehung ohne eine Idee, ohne Forderungen, ohne Besitzanspruch zu führen? Können wir miteinander kommunizieren – eine echte Beziehung auf allen verschiedenen Ebenen des Bewusstseins haben –, wenn wir durch ein Verlangen, ein körperliches oder seelisches Bedürfnis miteinander verbunden sind? Kann es eine Beziehung geben, der kein Mangel zugrunde liegt? Wie ich schon sagte, das ist ein sehr schwieriges Problem, in das man sehr tief und in aller Ruhe eindringen muss. Es ist eine Frage des Akzeptierens oder Ablehnens.

Wir wissen, woraus unsere derzeitige Beziehung besteht – aus Streit, Kampf, Schmerz oder bloßer Gewohnheit. Wenn wir die Beziehung zu dem einen Menschen vollkommen verstehen können, dann können wir vielleicht auch die Beziehung zu den Vielen, zur Gesellschaft verstehen. Denn meine Beziehung zur Gesamtheit, zur Gesellschaft, zu den Vielen kann ich durchaus nicht verstehen. Und wenn meine Beziehung zu dem Einen auf einem Bedürfnis, auf Befriedigung basiert, dann muss meine Beziehung zur Gesellschaft genauso sein. Deshalb ist Zwietracht unausweichlich, mit dem Einen wie mit den Vielen. Ist es möglich, mit dem Einen und den Vielen ohne Forderungen zu leben? Das ist doch das Problem – nicht wahr? – nicht nur zwischen Ihnen und mir, sondern auch zwischen mir und der Gesellschaft. Und um das Problem zu verstehen, es in seiner ganzen Tiefe zu ergründen, müssen Sie sich mit der Frage der Selbsterkenntnis beschäftigen, denn ohne sich selbst zu erkennen, so wie Sie sind, und ohne klar zu sehen, „was ist", können sie offensichtlich keine echte Beziehung zueinander haben. Sie können tun, was Sie wollen – fliehen, beten, lesen, ins Kino gehen, das Radio einschalten –, solange Sie sich nicht selbst verstehen, können Sie keine echte Beziehung haben, und so entstehen Streit, Kampf, Feindseligkeit und Verwirrung, nicht nur innerlich, sondern auch außerhalb Ihrer selbst und um Sie herum. Solange wir eine Beziehung nur als ein Mittel der Befriedigung, der Flucht, der Ablehnung benutzen, die nichts als Aktivität ist, solange ist keine Selbsterkenntnis möglich. Die Selbsterkenntnis jedoch – als ein Prozess des Verstehens und Enthüllens – entfaltet sich in der Beziehung, wenn Sie bereit sind, sich in die Frage der Beziehung zu vertiefen und sich ihr zu öffnen. Denn ohne Beziehung können Sie letztlich nicht leben. Wir aber wollen diese Beziehung dazu benutzen, es bequem zu haben, zufrieden zu sein, etwas darzustellen. Das ist unsere Idee von einer Beziehung, was bedeutet, dass der Verstand in der Beziehung die Hauptrolle spielt. Und da der Verstand immer daran interessiert ist, sich selbst zu schützen, indem er stets im Bereich des Bekannten bleibt, reduziert er alle Beziehungen auf die Ebene der Gewohnheit oder der Sicherheit, und auf diese Weise wird Beziehung zu einer bloßen Aktivität.

Sie sehen also, dass eine Beziehung, wenn wir es zulassen, ein Prozess der Selbstenthüllung sein kann; aber da wir das nicht zulassen, wird die Beziehung zu nichts anderem als einer befriedigenden Beschäftigung. Solange der Verstand die Beziehung lediglich zu seiner eigenen Sicherheit benutzt, muss diese Beziehung zwangsläufig zu Verwirrung und Feindseligkeiten führen. Ist es möglich, in einer Beziehung zu leben ohne die Idee von Ansprüchen, Bedürfnissen oder Befriedigung?

IMAGE

HABEN SIE JE Ihre Frau oder Ihren Mann oder Ihre Kinder oder Ihren Nachbarn oder Ihren Chef oder irgendeinen Politiker richtig angeblickt? Wenn Sie das getan haben: was haben Sie gesehen? Sie haben das Bild angesehen, das Sie von einer Person haben, das Image Ihrer Politiker, des Ministerpräsidenten, Ihres Gottes, Ihrer Frau, Ihrer Kinder. Und dieses Image ist durch Ihre Beziehung erzeugt worden oder durch Ihre Ängste oder durch Ihre Hoffnungen. Die sexuellen und anderen Freuden, die Sie mit Ihrer Frau, mit Ihrem Mann geteilt haben, der Ärger, die Schmeichelei, die Bequemlichkeit und alle die Dinge, die Ihr Familienleben mit sich bringt – und das kann doch ein ziemlich tödliches Leben sein –, haben ein Bild von Ihrer Frau oder Ihrem Mann geschaffen. Das ist das Image, das und mit dem Sie sehen. Entsprechend hat auch Ihre Frau oder Ihr Mann ein Bild von Ihnen. Die Beziehung zwischen Ihnen und Ihrer Frau oder Ihrem Mann ist genauso wie zwischen beiden Bildern – nicht wahr? Das ist eine Tatsache. Wie können zwei Bilder, die das Ergebnis von Denken, Vergnügen und so fort sind, irgendeine Zärtlichkeit oder Liebe beinhalten? (...)

Wir müssen unsere Beziehung zu Frau, Mann oder Freund genau betrachten. Sehen Sie genau hin, versuchen Sie nicht, dem genauen Blick aus dem Weg zu gehen, wischen Sie das nicht beiseite. Lassen Sie uns gemeinsam überlegen und herausfinden, warum Menschen in der ganzen Welt diese außerordentliche Maschinerie haben, die Bilder, Symbole und Muster erzeugt. Findet man in diesen Mustern, Symbolen und Bildern große Sicherheit? ☙

WENN SIE RICHTIG BEOBACHTEN, werden Sie feststellen, dass Sie ein Image von sich selbst haben, ein Bild von Überheblichkeit, das arrogant ist, oder das Gegenteil. Oder Sie haben eine Menge an Erfahrungen gesammelt, viel Wissen erworben, und das führt von sich aus zu einem Image, dem Image des Experten. Warum machen wir uns Bilder von uns selbst? Diese Bilder trennen Menschen voneinander. Wenn Sie ein Image von sich haben als Schweizer, Engländer oder Franzose und so weiter, dann verzerrt dieses Image nicht nur Ihren Eindruck von Menschen, sondern es trennt Sie auch von anderen. Und wo es Trennung gibt, Spaltung, da muss Konflikt entstehen – wie es auf der ganzen Welt ständig Konflikte gibt, Araber gegen Israelis, Muslime gegen Hindus, eine christliche Kirche gegen die andere. Trennungen zwischen Nationen, wirtschaftliche Teilungen, all das resultiert aus Images, Konzepten, Vorstellungen, und das Gehirn klammert sich an diesen Bildern fest – warum?

Liegt das an unserer Erziehung, weil in unserer Kultur das Individuum am wichtigsten ist und die kollektive Gesellschaft etwas ganz anderes als das Individuum ist? Das ist Teil unserer Kultur, Teil unserer religiösen Erziehung und unserer täglichen Prägung. Wenn man sich ein Bild von sich selbst als Brite oder Amerikaner macht, dann gibt dieses Bild ein gewisses Gefühl von Sicherheit. Das ist ziemlich offensichtlich. Nachdem man sich dieses Image von sich selbst geschaffen hat, wird es sehr stabil; in diesem Image versucht man, Sicherheit zu finden, Schutz zu finden, Schutz, eine Form von Widerstand. Wenn man in Beziehung zueinander steht, egal, wie leicht oder tiefgründig, egal, ob seelisch oder körperlich, dann entsteht eine Verhaltensweise, die auf einem Bild beruht. Wenn man verheiratet ist oder in einer engen Beziehung zu jemandem steht, bildet sich im Alltagsleben ein Image. Ob man sich erst eine Woche oder schon zehn Jahre lang kennt, es bildet sich das Image von der anderen Person langsam, Schritt für Schritt. Erinnerungen an jede Reaktion tragen zum Bild bei, das man sich vom anderen macht. Es wird im Gehirn gespeichert, so dass die Beziehung – sei sie nun körperlich oder seelisch – in Wirklichkeit zwischen zwei Bildern stattfindet, dem eigenen und dem des anderen. ↺

WIR MÜSSEN ZUNÄCHST einmal bewusst sein, wach sein, wir müssen wissen – nicht verbal, nicht intellektuell, sondern wirklich als Tatsache erkennen –, dass dieses Bild überhaupt existiert. Das stellt eine der größten Schwierigkeiten dar, weil viel damit zusammenhängt, das Image zu erkennen. Sie können das Mikrofon, an dem ich hier stehe, sehen und erkennen – das ist eine Tatsache. Sie können es mit unterschiedlichen Namen benennen, aber wenn wir verstehen, was Sie mit diesen Namen bezeichnen, sehen wir die Tatsache, dass es existiert. Es gibt da keine Deutung; wir beide wissen, dass es ein Mikrofon ist. Ein Bild ohne Deutung zu verstehen ist aber eine andere Sache. Das Image ohne den Betrachter zu sehen ist etwas ganz anderes, weil der Betrachter zugleich das Image erzeugt, und weil das Image der Gedanke des Betrachters ist. Das ist eine sehr vielschichtige Angelegenheit. Sie können nicht einfach sagen „ich werde das Bild zerstören", darüber meditieren oder irgendeinen Trick anwenden oder sich selbst hypnotisieren, um das Bild zerstören zu können – das ist nicht möglich. Es verlangt ein ungeheures Verständnis. Es fordert große Aufmerksamkeit und Untersuchung und zu keiner Zeit irgendeine Schlussfolgerung. ☙

INTELLIGENZ

LASSEN SIE UNS ganz langsam und geduldig an die Frage herangehen und es herausfinden. Herausfinden bedeutet nicht, zu einem Schluss zu kommen. Ich weiß nicht, ob Sie den Unterschied erkennen. In dem Moment, da Sie in der Frage, was Intelligenz sei, zu einem Schluss kommen, hören Sie auf, intelligent zu sein. Das ist es, was die meisten älteren Leute gemacht haben: Sie sind zu Schlüssen gekommen. Deshalb haben sie aufgehört, intelligent zu sein. Jetzt haben Sie also gleich richtig herausgefunden, dass ein intelligenter Geist ein Geist ist, der ständig lernt und niemals zu einem Abschluss kommt. Was ist Intelligenz? Die meisten Leute sind mit einer Definition der Intelligenz zufrieden. Entweder sagen sie, „Das ist eine gute Erklärung“, oder sie ziehen ihre eigene Erklärung vor; und ein Geist, der sich mit einer Erklärung zufrieden gibt, ist sehr oberflächlich und infolgedessen nicht intelligent.

Sie haben begonnen zu erkennen, dass ein intelligenter Geist ein Geist ist, der sich nicht mit Erklärungen und mit Überzeugungen zufrieden gibt; auch ist es kein Geist, der glaubt, denn Glaube ist eine andere Form von Überzeugung. Ein intelligenter Geist ist ein forschender Geist, ein Geist, der beobachtet, lernt, studiert. Und was bedeutet das? Dass Intelligenz nur besteht, wo es keine Angst gibt, wenn Sie bereit sind zu rebellieren und sich gegen die ganze Gesellschaftsstruktur zu wenden, um herauszufinden, was Gott ist, oder um die Wahrheit in allem zu entdecken.

Intelligenz ist nicht Wissen. Falls Sie alle Bücher dieser Welt lesen könnten, würde Ihnen selbst das zu keiner Intelligenz verhelfen. Intelligenz ist etwas sehr Subtiles; sie wirft keinen Anker. Sie entsteht nur, wenn Sie die ganze Arbeitsweise des Geistes verstehen – nicht eines Geistes, wie ihn manche Philosophen und Lehrer verstehen, sondern Ihres eigenen Geistes. Ihr Geist ist das Ergebnis der ganzen Menschheit, und wenn Sie ihn verstehen, müssen Sie kein einziges Buch lesen, weil Ihr Geist das gesamte Wissen der Vergangenheit enthält. Intelligenz entsteht also aus dem Verständnis Ihrer selbst; und Sie können sich selbst nur in Beziehung zur Welt der Menschen, Dinge und Ideen verstehen. Intelligenz ist nichts, was Sie erwerben können wie Erlerntes; sie erscheint erst bei großer Auflehnung, das heißt, wenn es keine Angst gibt – was in Wahrheit bedeutet, wenn es eine Empfindung von Liebe gibt. Denn wo die Angst fehlt, dort ist Liebe.

Wenn Sie nur an Erklärungen interessiert sind, fürchte ich, Sie meinen, ich hätte Ihre Frage nicht beantwortet. Die Frage nach Intelligenz ist wie die Frage nach dem Leben. Leben ist Studium, Spiel, Sex, Arbeit, Streit, Neid, Ehrgeiz, Liebe, Schönheit, Wahrheit – Leben ist alles, nicht wahr? Aber sehen Sie, die meisten unter uns haben nicht die Geduld, diese Fragen ernsthaft und beständig zu verfolgen. ☙

KEUSCHHEIT

SIE KÖNNEN BEFREIUNG nicht aufgrund von Tauschhandel erlangen, durch Opfer, über Ausschaltung; sie ist nicht etwas, das Sie kaufen könnten. Wenn Sie diese Dinge doch tun, werden Sie etwas vom Markt erhalten – und das ist nichts Echtes. Die Wahrheit kann man nicht kaufen, es gibt keine Mittel und Wege zur Wahrheit. Wenn es die gäbe, wäre das, was man am Ende erhält, nicht Wahrheit, denn die Mittel zum Zweck und der Zweck sind eins, sie sind nicht voneinander getrennt. Keuschheit als ein Mittel zur Befreiung, zur Wahrheit, ist eine Leugnung der Wahrheit. Keuschheit ist keine Münze, mit der Sie etwas kaufen können. Sie können Wahrheit nicht mit irgendeiner Münze kaufen, und Sie können Keuschheit nicht mit irgendeiner Münze kaufen. Sie können nur solche Dinge kaufen, die Sie kennen, aber Wahrheit können Sie nicht kaufen, weil Sie sie nicht kennen. Die Wahrheit entsteht nur, sie entsteht nur, sie ist nur, wenn der Geist still ist. Es stellt sich also ein ganz anderes Problem, nicht wahr?

Warum meinen wir, dass Keuschheit wesentlich wäre? Warum ist Sex zum Problem geworden? Das ist doch im Grunde die Frage, nicht wahr? Wir werden verstehen können, was es bedeutet, keusch zu sein, wenn wir dieses nagende Problem der Sexualität verstehen. Lassen Sie uns herausfinden, warum Sex zu einem derart wichtigen Faktor in unserem Leben geworden ist – zu einem größeren Problem als Besitz, Geld und so weiter.

Was meinen wir mit Sex? Nicht der Akt, sondern die Gedanken darüber, die Gefühle, die Erwartung, die Flucht davor – das ist unser Problem. Unser Problem ist die Sinneserfahrung, von der wir immer mehr wollen. Beobachten Sie sich selbst, nicht Ihren Nächsten. Warum kreisen Ihre Gedanken um Sex? Keuschheit kann nur bestehen, wo Liebe ist, und ohne Liebe gibt es keine Keuschheit. Ohne Liebe ist Keuschheit nichts anderes als Lust in einer anderen Form. Keusch zu werden bedeutet, anders zu werden. Es ist wie bei einem Mann, der, um Erfolg zu haben, enthaltsam lebt, dann sehr mächtig wird und schließlich als ein prominenter Rechtsanwalt oder Politiker oder sonst etwas Erfolg hat – die Veränderung vollzieht sich auf derselben Ebene. Das ist keine Keuschheit, sondern nur das Endergebnis eines Traums, die Folge eines anhaltenden Widerstands gegen ein bestimmtes Verlangen.

Unser Problem besteht also nicht darin herauszufinden, wie man keusch wird oder was zur Befreiung notwendig ist, sondern das Problem zu verstehen, das wir Sexualität nennen. Denn es ist ein riesiges Problem, und man kann sich ihm nur nähern, indem wir es verdammen oder rechtfertigen. Sie können sich selbstverständlich einfach davon isolieren, aber dann erzeugen Sie ein neues Problem. Dieses so wesentliche, umfassende und zerstörerisch wirkende Problem von Sex kann man nur dann verstehen, wenn sich der Verstand und der Geist aus seiner eigenen Verankerung befreit. Denken Sie das bitte zu Ende, wischen Sie es nicht beiseite. So lange Sie von Angst gebunden sind, durch Tradition, eine bestimmte Arbeit, Tätigkeit, Glaubensüberzeugung, Vorstellung, so lange Sie dadurch geprägt sind und daran festhalten, werden Sie das Problem der Sexualität haben. Nur wenn das Bewusstsein frei von Angst ist, ist da dies Unauslotbare, das Unerschöpfliche, und erst dann nimmt dieses Problem seinen gewöhnlichen Platz ein. Dann können Sie einfach und wirksam damit umgehen; dann ist es kein Problem. Keuschheit hört also dann auf, ein Problem zu sein, wenn es Liebe gibt. Dann ist das Leben kein Problem; das Leben kann ganz und vollständig in der Fülle von Liebe gelebt werden, und diese Revolution wird eine neue Welt hervorbringen. ℘

JENE LEUTE, die versuchen, im Zölibat zu leben, um so Gott zu erreichen, sind unkeusch, weil sie ein Ergebnis oder einen Gewinn anstreben und auf diese Weise den Zweck, das Resultat, mit Sex ersetzen – und das ist Angst. Ihre Herzen sind ohne Liebe, und so kann es keine Reinheit geben; nur ein reines Herz kann die Wirklichkeit finden. Ein beherrschtes Herz, ein unterdrücktes Herz kann nicht lieben. Es kann nicht erkennen, ob es in Gewohnheiten gefangen ist, in Sinneserfahrungen – ob es in religiösen, körperlichen, psychologischen oder sinnlichen Empfindungen feststeckt. Der Idealist ist ein Imitator, und deshalb kennt er Liebe nicht. Er kann nicht großzügig sein, sich ganz geben, ohne an sich selbst zu denken. Nur wenn Geist und Herz nicht von Angst belastet sind, von der Routine von Sinneserfahrungen, wenn es Großzügigkeit und Mitgefühl gibt, gibt es Liebe. Eine solche Liebe ist keusch. ℘

KREATIVITÄT

EINES UNSERER HAUPTPROBLEME ist die Frage des kreativen Lebens. Offensichtlich führen die meisten von uns ein abgestumpftes Leben. Wir reagieren nur sehr oberflächlich; die meisten unserer Antworten sind oberflächlich und schaffen damit unzählige Probleme. Um ein kreatives Leben zu führen, muss man nicht unbedingt ein Architekt oder ein großer Schriftsteller sein. Das ist nur eine Begabung, und Begabung ist etwas ganz anderes als ein kreatives Leben. Niemand braucht zu wissen, dass Sie kreativ sind, aber Sie selbst können wissen, dass Sie in einem außerordentlichen Glückszustand leben, einem Zustand der Unzerstörbarkeit. Das lässt sich leicht verwirklichen, denn die meisten von uns haben unzählige Probleme – politische, soziale, wirtschaftliche, religiöse und familiäre Probleme –, die wir mit Hilfe gewisser Erklärungen, gewisser Regeln, Traditionen und bekannter gesellschaftlicher oder religiöser Leitbilder zu lösen versuchen. Doch unsere Lösung eines Problems scheint unweigerlich andere Probleme heraufzubeschwören, und wir spannen ein Netz aus Problemen, die sich ständig vervielfachen und steigern und immer zerstörerischer werden.

Wenn wir versuchen, einen Ausweg aus diesem Chaos, dieser Verwirrung zu finden, suchen wir die Antwort auf einer einzigen, bestimmten Ebene. Man muss jedoch die Fähigkeit haben, über alle Ebenen hinauszugehen, denn die kreative Lebensweise ist nicht auf einer einzigen Ebene zu verwirklichen. Dieses kreative Handeln erfolgt nur aus dem Verstehen unserer Beziehungen, und Beziehung ist die Verbundenheit mit anderen. Es ist also durchaus keine egozentrische Einstellung, sich mit dem individuellen Handeln zu beschäftigen. Wir denken vielleicht, dass wir in dieser Welt nur sehr wenig bewirken können, dass nur die großen Politiker, die berühmten Schriftsteller, die großen religiösen Führer zu einem außergewöhnlichen Handeln befähigt sind. Aber in Wirklichkeit sind Sie und ich unendlich mehr befähigt, eine radikale Veränderung herbeizuführen, als die Berufspolitiker und Wirtschaftsexperten. Wenn wir uns mit unserem eigenen Leben beschäftigen, wenn wir unsere Beziehung zu anderen verstehen, dann haben wir eine neue Gesellschaft geschaffen; wenn nicht, werden wir nur die gegenwärtige chaotische Situation und Verwirrung fortsetzen.

Es geschieht also nicht aus Egoismus, nicht aus einem Machtbedürfnis heraus, dass man sich mit dem individuellen Handeln beschäftigt. Wenn wir zu einer Lebensweise finden können, die kreativ ist und sich nicht nur religiösen, politischen oder wirtschaftlichen Normen anpasst, wie wir es zur Zeit noch tun, dann werden wir fähig sein, unsere vielen Probleme zu lösen. Zur Zeit sind wir nur nachplappernde Grammofone: Vielleicht wechseln wir gelegentlich gezwungenermaßen die Schallplatten, doch die meisten von uns spielen bei jeder Gelegenheit die gleichen Melodien. Diese ständige Wiederholung, diese Fortsetzung der Tradition ist die Quelle des Problems in all seiner Vielschichtigkeit. Wir scheinen unfähig zu sein, uns von der Konformität zu befreien, auch wenn wir vielleicht die gegenwärtige Konformität durch eine neue ersetzen oder versuchen, das gegenwärtige Muster abzuwandeln. Es ist ein ständiger Prozess der Wiederholung und Nachahmung. Wir sind Buddhisten, Christen oder Hindus, wir bekennen uns zur Linken oder zur Rechten. Durch Zitieren aus verschiedenen heiligen Büchern – durch bloße Wiederholung – glauben wir unsere unzähligen Probleme lösen zu können. Doch Wiederholung wird die menschlichen Probleme sicher nicht lösen. Was hat der „Revolutionär" denn für die so genannten Massen getan? Die Probleme sind immer noch da. Diese ständige Wiederholung einer Idee verhindert das Verstehen des Problems. Nur durch Selbsterkenntnis gewinnt man die Fähigkeit, sich von dieser Wiederholung zu befreien. Dann ist es möglich, in diesem kreativen Zustand zu leben, der immer neu ist, und dann ist man stets bereit, jedem Problem neu zu begegnen. Schließlich ist unsere Schwierigkeit, dass wir unseren ungeheuren Problemen mit früher getroffenen Entscheidungen begegnen – mit der Schallplatte der Erfahrung, entweder der eigenen oder der von anderen erworbenen. Und so begegnen wir dem Neuen mit dem Alten, und das schafft ein weiteres Problem.

Kreatives Leben ist ein Dasein ohne diesen Hintergrund, man begegnet dem Neuen mit dem Neuen, und das schafft keine weiteren Probleme. Deshalb ist es notwendig, dem Neuen mit dem Neuen zu begegnen, bis wir den totalen Prozess verstehen, dieses große Problem einer drohenden Katastrophe, mit Elend, Hungersnot, Krieg, Arbeitslosigkeit, Ungleichheit, dem Kampf zwischen widerstreitenden Ideologien. Dieser Kampf und dieses Chaos kann nicht durch die Wiederholung alter Gewohnheiten beendet werden. Wenn Sie sich das wirklich einmal genauer ansehen wollen, ohne Vorurteil, ohne religiöse Tendenz, werden Sie viel größere Probleme sehen. Und wenn Sie frei sind von Konformität, von Glaubensgrundsätzen, werden Sie fähig sein, dem Neuen zu begegnen. Diese Fähigkeit, dem Neuen mit dem Neuen zu begegnen, nennt man den kreativen Zustand, und das ist zweifellos die höchste Form der Religion. Religion ist nicht bloß Glaube, sie ist nicht das Befolgen gewisser Rituale und Dogmen, und es genügt nicht, sich zu diesem oder jenem zu bekennen. Religion ist in Wirklichkeit die Erfahrung eines Zustands, in dem Schöpfung geschieht. Das ist keine Idee, kein Prozess. Man kann diesen Zustand erfahren, wenn man vom Selbst frei ist. Doch Freiheit vom Selbst ist nur möglich, wenn man das Selbst in seinen Beziehungen versteht. In der Isolation gibt es kein Verstehen.

Wie ich schon angedeutet habe, ist es wichtig, dass wir uns jeder Frage sogleich öffnen, wenn sie aufkommt, dass Sie nicht nur auf meine Antworten hören, sondern dass wir gemeinsam die Wahrheit der Dinge entdecken, und das ist viel, viel schwieriger. Die meisten von uns wollen sich viel lieber von dem Problem distanzieren und andere beobachten, doch wenn wir gemeinsam entdecken können, die Reise gemeinsam machen, so dass es Ihre Erfahrung ist, nicht meine, auch wenn Sie meinen Worten zuhören, wenn wir auf diese Weise gemeinsam reisen, dann wird die Erfahrung von bleibendem Wert sein.

LIEBE

EIN MANN in der Kleidung des Bettelmönchs kam jeden Morgen um Blüten von den Bäumen eines nahe gelegenen Gartens zu sammeln. Seine Hände und Augen gierten nach den Blüten, und er pflückte jede Blüte innerhalb seiner Reichweite. Offensichtlich wollte er sie irgendeinem toten Bildnis, einem Ding aus Stein opfern. Die Blüten waren liebliche, zarte Gebilde, die sich gerade der Morgensonne öffneten, er aber pflückte sie nicht behutsam, sondern riss sie ab und richtete den Garten böse zu, indem er ihn völlig seiner Blütenpracht beraubte. Sein Gott verlangte viele Blüten – viel Lebendiges für ein totes Bildnis aus Stein.

An einem anderen Tag sah ich einige Jungen Blumen pflücken. Sie wollten die Blumen nicht irgendeinem Gott darbieten; sie unterhielten sich und rissen dabei die Blumen gedankenlos ab und warfen sie fort. Haben Sie schon bemerkt, dass Sie selbst auch so etwas tun? Ich frage mich, warum Sie das tun? Während Sie so spazieren gehen, brechen Sie vielleicht einen Zweig ab, streifen seine Blätter ab und lassen ihn fallen. Haben Sie diese gedankenlose Handlung bei sich selbst nicht bemerkt? Erwachsene tun das auch, sie drücken ihre innere Brutalität, diese entsetzliche Missachtung des Lebendigen, auf ihre Weise darin aus. Sie sprechen über das Nichtschädigen, und doch ist alles, was sie tun, destruktiv. Man kann verstehen, wenn Sie ein oder zwei Blumen pflücken, um sie in

Ihr Haar zu stecken oder sie liebevoll jemandem zu schenken – aber warum reißen Sie Blumen einfach ab? Die Erwachsenen sind in ihrem Ehrgeiz hässlich, sie schlachten sich in ihren Kriegen gegenseitig ab und korrumpieren sich mit dem Geld. Sie handeln auf ihre eigene grauenvolle Weise, und offenbar treten die jungen Leute hier wie anderswo auch in ihre Fußstapfen.

Neulich ging ich mit einem der Jungen spazieren, und wir stießen auf einen Stein, der auf der Straße lag. Als ich ihn entfernte, fragte er: „Warum haben Sie das getan?" Worauf weist das hin? Ist das nicht ein Mangel an Achtsamkeit, an Respekt? Sie zeigen Respekt aus Furcht, oder nicht? Sie springen sofort auf, wenn ein Erwachsener ins Zimmer kommt, aber das ist kein Respekt, sondern Angst. Denn wenn Sie wirklich Ehrfurcht empfänden, würden Sie auch keine Blumen zerstören. Sie würden einen Stein von der Straße entfernen. Sie würden die Bäume pflegen und sich mit um den Garten kümmern. Aber ob wir alt oder jung sind, wir haben kein wirkliches Gefühl von Rücksicht. Warum? Vielleicht, weil wir nicht wissen, was Liebe ist.

Verstehen Sie, was einfache Liebe ist? Weder die Komplexität sexueller Liebe, noch die Liebe Gottes, sondern einfach Liebe, Zärtlichkeit, wirkliche Freundlichkeit in unserer ganzen Einstellung zu allen Dingen. Zu Hause bekommen Sie nicht immer diese einfache Liebe, Ihre Eltern sind zu beschäftigt; zu Hause gibt es vielleicht keine wahre Zuneigung, keine Zärtlichkeit, also kommen Sie mit diesem Hintergrund an Unempfindlichkeit hierher und benehmen sich wie jeder andere. Und wie soll man diese Empfindsamkeit hervorbringen? Nicht indem Ihnen verboten wird, Blumen zu pflücken, denn wenn Sie nur durch Verbote zurückgehalten werden, herrscht Furcht. Aber wie kann diese Empfindsamkeit zustande kommen, die

Sie wach dafür macht, andere Menschen, Tiere, Blumen nicht zu verletzen?

Interessiert Sie dies alles? Es sollte! Wenn Sie nicht daran interessiert sind, empfindsam zu sein, könnten Sie genauso gut tot sein – und die meisten Leute sind das. Obwohl sie ihre drei Mahlzeiten am Tag essen, Arbeit haben, Kinder zeugen, Autos fahren, schöne Kleidung tragen, sind die meisten Leute so gut wie tot.

Wissen Sie, was es bedeutet, empfindsam zu sein? Es bedeutet sicherlich, ein zärtliches Gefühl für etwas zu haben: ein Tier leiden zu sehen und sich darum zu kümmern, einen Stein vom Weg zu nehmen, weil dort viele Menschen barfuß gehen, einen Nagel von der Straße aufzuheben, weil ein Autoreifen platzen könnte. Empfindsam zu sein heißt, mit Menschen, mit Vögeln, mit Blumen, mit Bäumen zu fühlen – nicht weil sie Ihnen gehören, sondern einfach deshalb, weil Sie für die außergewöhnliche Schönheit von Dingen wach sind. Und wie kommt es zu dieser Empfindsamkeit?

In Augenblicken tiefer Empfindsamkeit pflücken Sie natürlich keine Blumen; Sie haben den spontanen Wunsch, keine Dinge zu zerstören, Menschen nicht zu verletzen, und das bedeutet, wahre Ehrfurcht zu besitzen, zu lieben. Zu lieben ist die wichtigste Sache im Leben. Aber was meinen wir mit Liebe? Wenn Sie jemanden lieben, weil diese Person Sie wiederum liebt, ist das sicher keine Liebe. Zu lieben ist, dieses außergewöhnliche Gefühl der Zuneigung zu haben, ohne etwas dafür zu erwarten. Sie sind vielleicht sehr klug, Sie mögen alle Prüfungen bestehen, einen Doktortitel bekommen und in eine hohe Stellung aufsteigen, aber wenn Sie diese Empfindsamkeit nicht haben, dieses Gefühl einfacher Liebe, wird Ihr Herz leer sein, und Sie werden für den Rest Ihres Lebens darunter leiden.

Es ist also sehr wichtig, dass das Herz mit diesem Gefühl von Zuneigung erfüllt ist, denn dann werden Sie nichts zerstören, Sie werden nicht skrupellos sein, und es wird keine Kriege mehr geben. Dann werden Sie glückliche Menschen sein; und weil Sie glücklich sind, werden Sie nicht beten, werden Sie Gott nicht suchen – denn dieses Glück selbst ist Gott.

Nun, wie kann diese Liebe entstehen? Liebe muss sicherlich mit dem Erzieher, dem Lehrer beginnen. Wenn der Lehrer, außer Sie in Mathematik, Geografie oder Geschichte zu unterrichten, dieses Gefühl von Liebe in seinem Herzen hat und darüber mit Ihnen spricht, wenn er spontan den Stein von der Straße räumt und nicht dem Dienstboten alle schmutzigen Arbeiten überlässt, wenn er bei seinen Gesprächen, bei seiner Arbeit, bei seinem Spiel, beim Essen, ob er nun mit Ihnen zusammen oder für sich allein ist, diese seltsame Empfindung hat und Sie oft darauf hinweist – dann werden Sie erkennen, was es heißt, zu lieben.

Sie mögen eine reine Haut und ein schönes Gesicht haben. Sie tragen vielleicht einen hübschen Sari oder sind ein guter Sportler, aber ohne Liebe in Ihrem Herzen sind Sie ein hässlicher Mensch, maßlos hässlich; und wenn Sie lieben, strahlt Ihr Gesicht, ob es nun hässlich oder attraktiv ist. Zu lieben ist das Großartigste im Leben. Und es ist sehr wichtig, über Liebe zu sprechen, sie zu spüren, sie zu nähren, sie zu schätzen, sonst ist sie schnell vergangen, denn die Welt ist sehr brutal. Wenn Sie keine Liebe spüren, wenn Sie andere Menschen, Tiere und Blumen nicht liebevoll anschauen, während Sie jung sind, werden Sie später als Erwachsener feststellen, dass Ihr Leben leer ist. Sie werden sehr einsam sein, und die dunklen Schatten der Angst werden Ihnen überallhin folgen. Aber von dem Augenblick an, in dem Sie in Ihrem Herzen dieses Außergewöhnliche haben, das Liebe genannt wird, und Sie ihre Tiefe spüren, ihr

Entzücken, ihre Ekstase, werden Sie entdecken, dass für Sie die Welt verwandelt ist.

ES GIBT KEINE LIEBE zwischen zwei Bildern. Wie kann ich Sie lieben und wie können Sie mich lieben, so lange Sie ein Image von mir haben, so lange Sie sich Vorstellungen von mir machen? Wenn ich Sie verletzt habe, wenn ich Sie unter Druck gesetzt habe, wenn ich ehrgeizig gewesen bin, clever und mich vor Sie gesetzt habe, wie können Sie mich lieben? Wie kann ich Sie lieben, wenn Sie meine Stellung gefährden, meine Arbeit, wenn Sie mit meiner Frau davonlaufen? Wenn Sie einem Land angehören und ich einem anderen, wenn Sie Mitglied einer Sekte sind – Hinduismus oder Buddhismus oder Katholizismus oder sonst etwas – und ich ein Muslim bin: wie können wir uns dann lieben? So lange es keine radikale Transformation in der Beziehung gibt, kann unmöglich Frieden existieren. Wenn Sie zum Mönch werden oder zum Sannyasin oder in die Berge weglaufen, werden Sie damit noch nicht Ihre Probleme lösen, denn wo immer Sie auch leben, ob in einem Kloster oder in einer Höhle oder in den Bergen, stehen Sie doch in Beziehungen. Sie können sich selbst unmöglich weder von Ihrem Bild isolieren, das Sie sich von Gott gemacht haben, noch von Ihrem Image von sich selbst und allem anderen.

Eine echte Beziehung zu begründen heißt also, das Image zu zerstören. Verstehen Sie, was es bedeutet, das Image zu zerstören? Es heißt, dass Sie Ihr Selbstbild zerstören – dass Sie ein Hindu seien, dass ich ein Pakistani sei, ein Muslim, ein Katholik, ein Jude, oder ein Kommunist und so weiter. Sie müssen die Maschinerie zerstören, die Bilder erzeugt, diese Maschinerie, die in Ihnen und in anderen ist. Sonst zerstören Sie vielleicht zwar ein Bild, aber die Maschinerie wird ein neues erzeugen.

Man muss also nicht nur die Existenz des Bildes entdecken, das heißt, sich des besonderen eigenen Bildes bewusst sein, sondern man muss auch die Maschinerie, den Prozess erkennen, der Bilder erzeugt. ☙

WAS IST LIEBE? Können wir sie verbal und intellektuell verstehen, oder ist sie etwas, das man nicht in Worte fassen kann? Was ist das, was jeder von uns Liebe nennt? Ist es eine Empfindung? Ist Liebe ein Gefühl? Kann Liebe in göttliche und menschliche Liebe eingeteilt werden? Ist Liebe mit Eifersucht, Hass oder Konkurrenzgeist vereinbar? Ist das Liebe, wenn jemand von uns seine eigene Sicherheit sucht, sowohl innerlich wie auch in der Außenwelt? Reagieren Sie bitte nicht mit Zustimmung oder Ablehnung, denn es betrifft sie unmittelbar. Wir sprechen über eine Liebe, die abstrakt ist; eine abstrakte Idee der Liebe hat nicht den geringsten Wert. Sie und ich können eine Menge Theorien darüber haben, aber was ist denn wirklich diese Sache, die wir Liebe nennen?

Wir kennen das Vergnügen, die sexuelle Lust, mit der Beimischung von Eifersucht, von Besitzenwollen, von Herrschsucht, dem Wunsch, festzuhalten, zu kontrollieren, in die Gedanken eines anderen einzudringen. Da wir diese ganz Vielschichtigkeit kennen, sagen wir, es muss eine Liebe geben, die göttlich ist, die schön ist, unberührt, unverdorben; wir meditieren darüber und werden fromm, sentimental, emotional – und wir sind verloren. Weil wir diese menschliche Angelegenheit, die wir Liebe nennen, nicht ergründen können, flüchten wir uns in Abstraktionen, die nicht die geringste Bedeutung haben. Richtig? Was also ist Liebe? Ist sie Vergnügen und Verlangen? Ist sie die Liebe zu dem Einen und nicht den Vielen?

Um diese Frage – was ist Liebe? - zu verstehen, muss man sich mit dem Problem des Vergnügens befassen, des sexuellen

Vergnügens oder des Vergnügens, einen anderen zu beherrschen, einen anderen zu kontrollieren oder zu unterdrücken, oder der Frage, ob die Liebe nur dem Einen gilt, was die Liebe zu dem Anderen ausschließt. Wenn jemand sagt: „Ich liebe dich", schließt das den Anderen mit ein? Ist Liebe persönlich oder unpersönlich? Wir glauben, wenn jemand eine Person liebt, kann er nicht die ganze Menschheit lieben, und wenn er die Menschheit liebt, dann kann er unmöglich einen Einzelnen lieben. Zeigt das nicht alles, dass wir Ideen darüber haben, was Liebe sein sollte? Da haben wir wieder das Muster, den Code, der von der Kultur, in der wir leben, entwickelt wurde, oder das Muster, das man selbst entwickelt hat. Für uns bedeuten also Ideen viel mehr als die Tatsache; wir haben Ideen darüber, was Liebe ist, was sie sein sollte und was sie nicht ist. Die Heiligen der Religionen haben zum Unglück für die Menschheit behauptet, dass die Liebe zu einer Frau verwerflich ist, dass Sie keine Möglichkeit haben, ihrer Idee von Gott näher zu kommen, wenn Sie jemanden lieben. Das heißt, Sexualität ist ein Tabu; sie wird von den Heiligen verworfen, die sich aber gewöhnlich danach verzehren. Wenn man sich der Frage der Liebe widmen will, muss man als Erstes alle Ideen, alle Ideologien über das, was sie ist oder sein oder nicht sein sollte, sowie die Trennung zwischen göttlich und nicht-göttlich aus dem Weg räumen. Können wir das tun?

LOSLASSEN

BEZIEHUNG KANN nur bestehen, wenn das Ich völlig losgelassen wird. Wenn das „Ich" nicht mehr ist, dann stehen Sie in Beziehung, dann gibt es keinerlei Trennung oder Spaltung mehr. Wahrscheinlich haben wir das noch nicht gespürt, diese vollständige Leugnung - nicht die intellektuelle, sondern die tatsächliche - und totale Beendigung des Ichs. Und vielleicht ist es genau das, was die meisten von uns suchen, in der Sexualität oder durch die Identifikation mit etwas Größerem. Aber auch der Prozess der Identifikation mit etwas Größerem ist das Produkt des Denkens. Und Denken ist alt, wie das Ich, das „mein", das Ego. Es gehört dem Gestern an, es ist immer alt. Da erhebt sich die Frage: Wie ist es möglich, diesen isolierenden Prozess völlig loszulassen, diesen Vorgang, der sich nur um „Ich" und „mein" dreht? Wie schafft man das? Verstehen Sie die Frage?

Wie kann ich das Ich - dessen alltägliche Beschäftigung Angst ist, Sorgen, Verzweiflung, Kummer, Verwirrung und Hoffnung - wie kann das Ich, das sich von anderen trennt - durch Identifikation mit Gott, mit seinen Konditionierungen, mit seiner Gesellschaft, mit seinen sozialen und moralischen Handlungsweisen, mit dem Staat und so fort -, wie kann das Ich sterben, wie kann es verschwinden, damit das menschliche Wesen in Beziehung gelangen kann? Denn wenn wir nicht in Beziehung sind, dann leben wir im Krieg gegeneinander. Vielleicht töten wir uns nicht buchstäblich, weil das zu gefährlich würde. Wie können wir so leben, dass es keine Trennung gibt, dass wir miteinander kooperieren?

Es gibt so viel zu tun in der Welt: die Armut beseitigen, glücklich leben, voller Entzücken leben, anstatt in Agonie und Angst, eine ganz andere Form der Gesellschaft aufbauen, eine Moral, die sich über die übliche Moral erhebt. Das alles funktioniert jedoch nur dann, wenn die Moral der heutigen Gesellschaft völlig abgelehnt wird. Es gibt so viel zu tun und das kann nicht getan werden, wenn ständig dieser Prozess abläuft, der uns trennt. Wir sprechen von „Ich" und „mein" und dem „anderen" – der Andere ist jenseits der Mauer, das „ich" und das „mein" sind diesseits der Mauer. Wie kann man also das Wesen der Abgrenzung und des Widerstands, das im Ich steckt, vollständig loslassen? Das ist die wirklich fundamentale Frage für jede Art von Beziehung, wenn man sieht, dass die Beziehung zwischen Bildern keinerlei echte Beziehung darstellt und dass in einer solchen Beziehung Konflikte entstehen und wir uns gegenseitig an die Gurgel gehen.

Wenn Sie sich diese Frage stellen, werden Sie unweigerlich sagen: „Soll ich in einem Vakuum leben, einem Zustand der Leere?" Ich frage mich, ob Sie jemals erlebt haben, was es bedeutet, einen Verstand, einen Geist zu haben, der ganz leer ist? Sie haben bisher in dem Raum gelebt, der vom Ich geschaffen wird, das ist ein sehr kleiner Raum. Der Raum, den das Ich, das einen sich selbst isolierenden Prozess bildet, zwischen sich und einer anderen Person geschaffen hat, das ist der ganze Raum, den wir kennen. Es ist der Raum zwischen dem Ich und seinem Umkreis, der wie eine Grenze ist, die das Denken gebaut hat. Sie sagen: „Wenn ich das Ich loslasse oder wenn ich das Zentrum des Ichs verlasse, werde ich dann in einem Vakuum leben?" Haben Sie jedoch jemals das Ich wirklich losgelassen, so dass es gar kein Ich mehr gibt? Haben Sie jemals in dieser Welt so gelebt, sind Sie in diesem Bewusstsein ins Büro gegangen, haben Sie mit Ihrer Frau oder Ihrem Mann je in diesem Geist gelebt? Wenn Sie das erfahren haben, dann werden Sie sehen, dass es einen Zustand von Beziehung gibt, in dem das Ich nicht existiert, der keine Utopie darstellt, der kein Traum ist und kein mystisches, unsinniges Erlebnis, sondern etwas, was tatsächlich verwirklicht werden kann: in einer Dimension zu leben, auf einer Ebene, wo es Beziehung zu allen Menschen gibt.

DAS KANN ALLERDINGS nur geschehen, wenn wir verstehen, was Liebe ist. Und um so zu sein, um in diesem Zustand zu leben, muss man die Freuden des Denkens verstehen und den Mechanismus, der dahinter steckt. Dann kann man mit einem Blick diesen Mechanismus erfassen, den man für sich und um sich herum aufgebaut hat; man muss sich damit gar nicht analytisch Punkt für Punkt beschäftigen. Jede Analyse ist fragmentarisch und deshalb findet man hinter dieser Tür keine Antwort.

Es gibt dieses riesige, komplexe Problem der Existenz, mit all ihren Ängsten, Sorgen, Hoffnungen, flüchtigem Glück und Freuden, aber Analyse wird das nicht lösen. Das gelingt nur, wenn man alles als Ganzes mit einem Blick und geschwind erfasst. Sie wissen doch, dass Sie etwas nur dann verstehen, wenn Sie sehen, wenn Sie schauen – nicht in Form eines lang anhaltenden, trainierten Beobachtens, wie es der geübte Blick des Künstlers tut, des Wissenschaftlers oder des Menschen, der lange übt, so zu sehen –, sondern wenn Sie etwas mit vollständiger Wachheit und Bewusstheit anschauen, so dass Sie das Ganze mit einem Blick erfassen. Und dann stellen Sie fest, dass Sie draußen sind, dass Sie aus der Zeit heraus sind. Die Zeit hält inne und deshalb enden die Sorgen. Ein Mensch voller Sorgen und Angst ist nicht in Beziehung. Wie kann ein Mann, der Macht erstrebt, in Beziehung stehen? Er hat vielleicht eine Familie, schläft mit seiner Frau, aber er ist nicht in Beziehung. Ein Mensch, der mit einem anderen konkurriert, hat keinerlei Beziehung. Und unsere gesamte gesellschaftliche Struktur mit ihrer Unmoral basiert auf Wettbewerb. Grundlegend und vom Wesen her in Beziehung zu sein bedeutet, dass das Ich, dass Trennung und Kummer erzeugt, aufgehört hat zu bestehen.

MACHT

DER PROZESS DER ISOLIERUNG geht Hand in Hand mit dem Streben nach Macht. Ob man nun nach persönlicher Macht oder nach Macht für eine ethnische oder nationale Gruppe strebt, beides führt unweigerlich zur Isolation, denn das Verlangen nach Macht, nach gesellschaftlicher Stellung, ist bereits Separatismus. Das ist ja schließlich, was jeder will, oder nicht? Der Mann will eine Machtstellung, in der er herrschen kann, entweder zu Hause, im Büro oder in einem bürokratischen Regime. Jeder sucht Macht, und in seinem Streben nach Macht wird er eine Gesellschaft aufbauen, die auf Macht, militärischer, industrieller, wirtschaftlicher Macht basiert – auch das ist offensichtlich. Wirkt nicht das Streben nach Macht seinem Wesen nach isolierend? Ich halte es für sehr wichtig, das zu verstehen, denn der Mensch, der sich eine friedliche Welt wünscht, eine Welt, in der es keine Kriege gibt, keine entsetzliche Zerstörung, kein katastrophales Elend unermesslichen Ausmaßes, muss diese fundamentale Frage stellen. Solange Sie als Individuum nach Macht streben, als Premierminister oder Gouverneur, Rechtsanwalt oder nur zu Hause als Ehemann – das heißt, solange es Sie nach diesem Gefühl des Herrschens, des Bezwingens, der Mehrung von Macht und Einfluss verlangt –, werden Sie mit Sicherheit eine Gesellschaft schaffen, die das Resultat eines Isolationsprozesses ist. Denn es liegt in der Natur der Macht, dass sie isolierend und trennend wirkt.

Ein Mann, der liebevoll, der gütig ist, hat keinen Sinn für Macht, und deshalb ist ein solcher Mann an keine Nationalität, an keine Flagge gebunden. Er hat keine Flagge. Aber der Mann, der Macht in gleich welcher Form erstrebt, entweder in einer Bürokratie oder durch die Projektion seiner selbst, die er Gott nennt, wird sich zwangsläufig isolieren. Wenn Sie das sehr sorgfältig nachprüfen, werden Sie sehen, dass das Streben nach Macht seinem ganzen Wesen nach ein Prozess der Selbstbegrenzung ist. Jeder Einzelne sucht seine eigene Position, seine eigene Sicherheit, und solange dieses Motiv existiert, wird die Gesellschaft auf einem isolierenden Prozess aufgebaut. Das Streben nach Macht führt in die Isolation, und was isoliert ist, wird zwangsläufig Konflikt verursachen. Genau das geschieht überall auf der Welt. Jede Gruppe strebt nach Macht, und damit isoliert sie sich. Auf diese Weise entstehen Nationalismus und Patriotismus, die letztlich zu Krieg und Vernichtung führen.

Ohne Beziehung gibt es keine Möglichkeit, im Leben zu bestehen; doch solange sich Beziehungen auf Macht und Herrschaft gründen, werden sie in die Isolierung führen, die unweigerlich zu Konflikt führt. Es gibt kein Leben in Isolation – kein Land, kein Volk, kein Einzelner kann in Isolation leben; doch wenn Sie auf so vielerlei Wegen nach Macht streben, verursachen Sie diese Isolation. Der Nationalist ist ein Verhängnis, denn durch seine nationalistische, patriotische Gesinnung baut er eine Mauer der Isolation. Er hat sich derart mit seinem Land identifiziert, dass er gegen das andere Land eine Mauer errichtet. Und was geschieht, wenn Sie eine Mauer gegen etwas errichten? Dieses Etwas wird unablässig gegen Ihre Mauer schlagen. Wenn Sie gegen etwas Widerstand leisten, dann zeigt eben dieser Widerstand, dass Sie sich im Konflikt befinden. Folglich kann der Nationalismus mit seinem Prozess der Isolation, der durch Machtstreben in Gang kommt, keinen Frieden in der Welt schaffen. Ein Mensch, der Nationalist ist und über Brüderlichkeit spricht, lügt. Er lebt einen Widerspruch.

Frieden auf der Welt ist unbedingt notwendig, andernfalls werden wir vernichtet. Einige wenige mögen davonkommen, doch die Zerstörung wird größer sein als je zuvor, wenn wir das Problem des Friedens nicht lösen. Frieden ist kein Ideal, ein Ideal ist unwirklich. Man muss verstehen, was wirklich stattfindet, doch dieses Verstehen des Wirklichen wird durch das Unwirkliche, das wir als Ideal bezeichnen, verhindert. Die Wirklichkeit ist, dass jeder nur Macht, einen Titel oder eine einflussreiche Stellung erstrebt, und das alles wird mit wohlmeinenden Worten verschleiert. Hier haben wir ein lebenswichtiges Problem. Es ist kein theoretisches Problem, und es kann auch nicht aufgeschoben werden; es erfordert sofortiges Handeln, denn die Katastrophe kommt bestimmt. Wenn sie nicht morgen kommt, dann im nächsten Jahr oder bald danach, denn der Isolationsprozess ist bereits im Gange. Wer ernstlich darüber nachdenkt, der muss die Wurzel des Problems in Angriff nehmen, das Machtstreben der Einzelnen, aus welchem sich die nach Macht strebende Gruppe, Rasse und Nation zusammensetzt. Kann man in der Welt ohne das Verlangen nach Macht, nach Position, nach Autorität leben? Natürlich kann man es. Man kann es, wenn man sich nicht mit etwas Größerem identifiziert. Diese Identifizierung mit etwas Größerem – der Partei, dem Land, dem Volk, der Religion, Gott – ist das Streben nach Macht. Weil Sie in sich selbst leer, stumpf und schwach sind, haben Sie das Bedürfnis, sich mit etwas Größerem zu identifizieren. Und das ist das Bedürfnis nach Macht. Deshalb ist der Nationalismus – ja jede Art von Gemeinschaftsgeist – ein solcher Fluch für die Welt; denn er ist nichts anderes als Machtstreben. Wenn man also das Leben und damit auch das Wesen der Beziehung verstehen will, muss man das Motiv entdecken, das jeden von uns bewegt, denn dieses Motiv gestaltet unsere soziale Umwelt. Dieses Motiv bringt entweder Frieden oder Vernichtung in die Welt. Deshalb muss sich jeder Einzelne von uns bewusst sein, dass die Welt sich in einem Zustand des Elends und der Zerstörung befindet und dass wir, wenn wir bewusst oder unbewusst Macht anstreben, zu dieser Zerstörung beitragen und daher in einem ständigen Konflikt mit der Gesellschaft leben.

Es gibt vielfältige Formen der Macht, nicht nur das Erringen von Einfluss und Wohlstand. Allein der Wunsch, etwas zu sein, ist eine Form von Macht, die Isolation und damit Konflikt heraufbeschwört. Solange nicht jeder Einzelne das Motiv, die Intention seines Handelns versteht, ist die Gesetzgebung einer Regierung von sehr geringer Bedeutung, denn das Innere besiegt immer das Äußere. Sie mögen äußerlich ein friedliches Gemeinwesen schaffen, doch die Männer, die es lenken, werden es im Sinne ihrer Absichten verändern. Deshalb ist es so wichtig, dass diejenigen, die eine neue Kultur, eine neue Gesellschaft, einen neuen Staat schaffen wollen, sich zuerst einmal selbst verstehen. Wenn man sich seiner selbst bewusst wird, seiner vielfältigen inneren Vorgänge und Schwankungen, wird man die verborgenen Motive, Absichten und Gefahren verstehen, und nur wenn man sich ihrer bewusst wird, findet eine Wandlung statt. Eine Erneuerung kann sich nur vollziehen, wenn dieses Streben nach Macht endet; nur dann können wir eine neue Kultur schaffen, eine Gesellschaft, die nicht auf Konflikt, sondern auf Verstehen gegründet ist. Beziehung ist ein Prozess der Selbstenthüllung, und ohne sich selbst, die Vorgänge des eigenen Verstandes und Herzens zu erkennen, hat das bloße Errichten einer äußeren Ordnung, eines Systems, einer ausgeklügelten Gesetzgebung sehr wenig zu bedeuten.

Es ist also wichtig, sich selbst in der Beziehung zum anderen Menschen zu verstehen. Dann wird die Beziehung kein Prozess der Isolierung sein, sondern eine Bewegung, in der Sie Ihre persönlichen Motive, Gedanken und Bestrebungen verstehen; und allein diese Entdeckung ist der Anfang der Befreiung, der Anfang der Wandlung. Nur diese unmittelbare Wandlung ist es, die eine fundamentale, radikale Revolution in der Welt herbeiführen kann, die so dringend notwendig ist. Eine Revolution innerhalb der isolierenden Mauern ist keine Revolution. Die Revolution kann nur stattfinden, wenn die Mauern der Isolation zerstört werden, und dies kann nur geschehen, wenn Sie aufgehört haben, nach Macht zu streben.

MEDITATION

IN DEM RAUM, den das Denken um sich herum schafft, gibt es keine Liebe. Dieser Raum trennt den Menschen vom Menschen, und in ihm ist alles Werden, der ganze Lebenskampf, ist alle Agonie und Angst enthalten. Meditation ist das Enden dieses Raums, das Enden des Ich. Dann haben Beziehungen eine ganz andere Bedeutung, denn in diesem Raum, der nicht vom Denken ersonnen wurde, existiert das andere nicht, denn du existierst nicht. Dann ist Meditation nicht die Jagd nach einer Vision, wie geheiligt durch Tradition sie auch sein mag. Vielmehr ist sie der endlose Raum, in den das Denken nicht eindringen kann. Für uns ist der kleine Raum, den das Denken, also das Ich, um sich herum geschaffen hat, äußerst wichtig. Denn er ist alles, was der Geist kennt, der sich mit allem identifiziert, was sich in diesem Raum befindet. Und die Angst, nicht zu sein, wurde in diesem Raum geboren. Doch in der Meditation, wenn sie richtig verstanden wird, kann der Geist in eine Dimension des Raumes eindringen, in der das Handeln ein Nichthandeln ist. Wir wissen, was Liebe ist, denn in dem Raum, den das Denken, das Ich, um sich herum geschaffen hat, ist Liebe der Konflikt zwischen dem Ich und dem Nicht-Ich. Dieser Konflikt, diese Folter, ist nicht Liebe. Das Denken ist die Verleugnung der Liebe, und es kann nicht in den Raum eindringen, in dem das Ich nicht existiert. In diesem Raum ist der Segen, den der Mensch sucht und nicht finden kann. Er sucht ihn außerhalb der Grenzen des Denkens, und das Denken zerstört die Ekstase dieses Segens.

Die Wahrnehmung ohne das Wort, das heißt ohne Gedanken, ist eines der seltsamsten Phänomene. Dann ist die Wahrnehmung viel akuter, nicht nur mit dem Gedanken, sondern mit allen Sinnen. Eine solche Wahrnehmung ist nicht die fragmentierte Wahrnehmung des Intellekts und auch keine Angelegenheit der Gefühle. Man kann sie als totale Wahrnehmung bezeichnen, und sie ist Teil der Meditation. Diese Wahrnehmung ohne den Wahrnehmenden, die in der Meditation geschieht, ist die Berührung mit der Höhe und Tiefe des Unermesslichen. Diese Wahrnehmung ist gänzlich verschieden vom Sehen eines Objekts ohne den Beobachter, denn in der Wahrnehmung der Meditation gibt es kein Objekt und somit auch keine Erfahrung. Denn Meditation kann auch stattfinden, wenn die Augen offen sind und man von Objekten aller Art umgeben ist. Aber dann haben diese Objekte keinerlei Bedeutung. Man sieht sie, aber ohne den Prozess des Erkennens, das heißt, es gibt keine Erfahrung.

Welche Bedeutung hat eine solche Meditation? Sie hat keine Bedeutung, sie hat keinen Nutzen. Aber in dieser Meditation ist eine Ekstase, die nicht mit Vergnügen verwechselt werden darf. Diese Ekstase ist es, die dem Auge, dem Gehirn und dem Herzen die Qualität der Unschuld verleiht. Ohne das Leben als etwas vollkommen Neues zu sehen, ist es eine Routine, etwas Langweiliges, eine sinnlose Angelegenheit. Meditation ist also von größter Wichtigkeit. Sie öffnet die Tür zum Unberechenbaren, zum Unermesslichen.

Wenn du den Kopf von Horizont zu Horizont wendest, dann sehen deine Augen einen unermesslich weiten Raum, in dem alle Dinge der Erde und des Himmels erscheinen. Doch dieser Raum ist immer dort begrenzt, wo die Erde den Himmel berührt. Der Raum des Geistes ist so klein! In diesem kleinen Raum finden alle unsere Aktivitäten statt: das tägliche Leben und die verborgenen Kämpfe der widerstreitenden Wünsche und Motive. In diesem kleinen Raum sucht der Geist Freiheit, und dabei bleibt er immer ein Gefangener seiner selbst. Meditation ist das Enden dieses kleines Raums. Und unser Handeln bringt Ordnung in diesen kleinen Raum des Geistes. Aber es gibt noch ein anderes Handeln, das keine Ordnung in diesen kleinen Raum bringt. Meditation ist ein Handeln, das eintritt, wenn der Geist seinen kleinen Raum verloren hat. Dieser unendliche Raum, den der Geist, das Ich, nicht erreichen kann, ist Stille. Der Geist kann nie in sich selbst still sein; er ist nur still in dem unermesslichen Raum, den das Denken nicht berühren kann. Aus dieser Stille kommt ein Handeln, das nicht aus dem Denken hervorgeht. Diese Stille ist Meditation.

Meditation ist etwas Unfassbares, und wenn du nicht weißt, was sie ist, bist du wie der Blinde in einer Welt von leuchtenden Farben, Schatten und wechselndem Licht. Sie ist keine Angelegenheit des Intellekts, doch wenn das Herz in den Geist eindringt, dann hat der Geist eine ganz andere Qualität: Dann ist er wirklich grenzenlos, nicht nur in seiner gut funktionierenden Fähigkeit des Denkens und Handelns, sondern auch in seinem Gefühl, in einem ungeheuren Raum zu leben, in dem du ein Teil von allem bist. Meditation ist die Bewegung der Liebe. Sie ist nicht die Liebe des Einen zu den Vielen. Sie ist wie Wasser, das jeder aus einem beliebigen Krug, einem goldenen oder irdenen, trinken kann: Liebe ist unerschöpflich. Und etwas Merkwürdiges findet statt, das keine Droge oder Selbsthypnose bewirken kann: Es ist, als ob der Geist in sich selbst versinkt, an der Oberfläche beginnt und tiefer und tiefer eindringt, bis Tiefe und Höhe ihre Bedeutung verloren haben und jede Form des Messens aufhört. In diesem Zustand ist vollkommener Friede

– nicht Zufriedenheit, die durch Genuss entsteht, sondern ein Friede, der von Ordnung, Schönheit und Intensität erfüllt ist. All dies kann zerstört werden, so wie du eine Blume zerstören kannst, die doch gerade in ihrer Verletzlichkeit unzerstörbar ist. Diese Meditation kannst du nicht von einem anderen lernen. Du musst anfangen, ohne irgendetwas über sie zu wissen, und immer in dieser Unschuld verbleiben.

Der Boden, in dem der meditative Geist sich entfalten kann, ist der Boden des täglichen Lebens, der Zwietracht, des Schmerzes und der flüchtigen Freuden. Dort muss der Geist beginnen und Ordnung schaffen, und von dort aus muss er endlos weitergehen. Wenn dir aber nur daran gelegen ist, Ordnung zu schaffen, dann wird diese Ordnung ihre eigene Begrenztheit mit sich bringen, und der Geist wird ihr Gefangener sein. Mit dieser ganzen Bewegung musst du sozusagen vom anderen Ende, vom anderen Ufer aus beginnen und nicht ständig nur mit diesem Ufer beschäftigt sein oder fragen, wie du den Fluss überqueren kannst. Du musst ins Wasser springen, ohne schwimmen zu können. Und die Schönheit der Meditation ist, dass du nie weißt, wo du bist, wohin du gehst, was das Ziel ist.

Bringt die Meditation eine neue Erfahrung? Das Verlangen nach Erfahrung, einer höheren Erfahrung, die sich jenseits des Alltäglichen und Gewöhnlichen abspielt, ist vergeblich, die Quelle bleibt trocken. Der Hunger nach mehr Erfahrung, nach Visionen, nach höherer Wahrnehmung, nach dieser oder jener Verwirklichung bewirkt, dass der Geist nach außen blickt, und damit bleibt er in seiner Abhängigkeit von der Umgebung und von Menschen. Das Besondere an der Meditation ist, dass ein Geschehen nicht zu einer Erfahrung gemacht wird. Es ist da, wie ein neuer Stern am Himmel, ohne dass die Erinnerung von ihm Besitz ergreift und es festhält, ohne den gewohnheitsmäßigen Prozess von Erkennen und Resonanz im Sinne von Mögen und Nicht-Mögen. Unsere Suche führt immer nach außen; der Geist, der Erfahrung sucht, sucht sie außerhalb. Nach innen zu gehen ist überhaupt keine Suche; es ist ein Wahrnehmen. Die Resonanz ist immer die gleiche, denn sie kommt immer aus derselben Vorratskammer der Erinnerung.

Meditation ist nicht die bloße Kontrolle von Körper und Gedanken, sie ist auch kein System des Ein- und Ausatmens. Der Körper muss still sein, gesund und entspannt; die Sensibilität der Gefühle muss geschärft und gestärkt sein, und all das Geplapper, die Aufregung und das Umhertasten des Geistes muss aufhören. Man sollte nicht beim Organismus anfangen, sondern seine Aufmerksamkeit dem Geist mit seinen Meinungen, Vorurteilen und seinem Eigennutz zuwenden. Wenn der Geist gesund, vital und kraftvoll ist, dann wird das Gefühl intensiviert und äußerst aufnahmefähig sein. Dann wird auch der Körper mit seiner eigenen angeborenen Intelligenz, die nicht von Gewohnheit und Neigung verdorben wurde, richtig funktionieren.

Man muss also mit dem Geist beginnen und nicht mit dem Körper, dem Geist, der das Denken und die Vielfalt der Ausdrucksformen des Denkens ist. Die bloße Konzentration macht das Denken eng, begrenzt und starr, doch die Konzentration kommt als etwas Natürliches, wenn man seiner Denkgewohnheiten gewahr wird. Dieses Gewahrsein kommt nicht aus dem Denker, der auswählt und verwirft, der festhält und ablehnt. Dieses Gewahrsein kommt ohne Wahl und umfasst sowohl das Äußere wie auch das Innere; es ist ein Austausch zwischen beiden, und damit geht die Trennung zwischen dem Äußeren und dem Inneren zu Ende.

Das Denken zerstört das Gefühl – das Gefühl, das Liebe ist. Das Denken kann nur Vergnügen bieten, und in der Jagd nach

Vergnügen wir die Liebe verdrängt. Das Vergnügen am Essen und Trinken wird im Denken fortgesetzt, und dieses Vergnügen, das aus dem Denken stammt, lediglich zu kontrollieren oder zu unterdrücken, ist sinnlos, es erzeugt nur verschiedene Formen von Konflikt und Zwang.

Das Denken, welches Materie ist, kann nicht suchen, was jenseits der Zeit ist, denn das Denken ist Erinnerung, und die Erfahrung in dieser Erinnerung ist so tot wie das Blatt vom vergangenen Herbst.

Im Gewahrsein all dieser Vorgänge entsteht Aufmerksamkeit, die nicht das Produkt von Unaufmerksamkeit ist. Die Unaufmerksamkeit hat ja die vergnüglichen Gewohnheiten des Körpers diktiert und die Intensität der Gefühle verwässert. Unaufmerksamkeit kann nicht in Aufmerksamkeit verwandelt werden. Das Gewahrsein der Unaufmerksamkeit ist Aufmerksamkeit.

Das Sehen dieses ganzen komplexen Prozesses ist Meditation, aus der allein Ordnung in diesem Chaos entstehen kann. Diese Ordnung ist so absolut wie die Ordnung in der Mathematik, und aus ihr geht ein Handeln hervor – das unmittelbare Tun. Ordnung ist kein Arrangement, kein Plan, kein Gleichmaß, diese kommen erst viel später. Ordnung kommt aus einem Geist, der nicht mit den Dingen des Verstandes vollgestopft ist. Wenn das Denken schweigt, dann ist eine Leere da, und diese Leere ist Ordnung.

RELIGION

WISSEN SIE, was es heißt, religiös zu sein? Es hat weder etwas mit Tempelglocken zu tun, obwohl sie aus der Ferne hübsch klingen, noch mit Ritualen, noch mit den Zeremonien der Priester oder all dem anderen ritualistischen Unfug. Religiös sein, ist aufgeschlossen für die Wirklichkeit zu sein. Ihr ganzes Wesen – Körper, Geist und Herz – ist aufgeschlossen für Schönheit und für Hässlichkeit, für den Esel, der an seinen Pfosten gebunden ist, für die Armut und den Dreck in dieser Stadt, für das Lachen und das Weinen, für alles um Sie herum. Aus dieser Aufgeschlossenheit für die Ganzheit der Existenz entspringt Güte, Liebe; und ohne diese Aufgeschlossenheit gibt es keine Schönheit, obwohl Sie vielleicht Talent haben, sehr gut gekleidet sind, in einem teuren Auto fahren und peinlich sauber sind.

Liebe ist etwas Außerordentliches. Sie können nicht lieben, wenn Sie an sich selbst denken – was nicht bedeutet, dass Sie an jemand anderen denken sollen. Liebe ist, sie kennt kein Objekt. Der Geist, der liebt, ist ein wirklicher religiöser Geist, weil er sich in der Bewegung der Realität, der Wahrheit Gottes befindet, und nur ein solcher Geist kann erkennen, was Schönheit ist. Der Geist, der nicht von einer Philosophie gefangen ist, der nicht einem System oder Glauben verfallen ist, der nicht von seinem eigenen Ehrgeiz angetrieben wird und der deshalb sensibel, wach und achtsam ist – ein solcher Geist hat Schönheit.

RELIGION HAT NICHTS mit Priestern, Kirchen, Dogmen oder organisiertem Glauben zu tun. Diese Dinge sind in keiner Weise Religion, sie sind lediglich gesellschaftliche Übereinkünfte, um uns in einem bestimmten Denk- und Handlungsmuster festzuhalten. Es sind Mittel, um unsere Leichtgläubigkeit, Hoffnung und Furcht auszubeuten. Religion ist die Suche nach dem, was Wahrheit ist, was Gott ist, und diese Suche erfordert enorme Energie, weite Intelligenz, subtiles Denken. In gerade dieser Suche nach dem Unermesslichen liegt die rechte soziale Handlungsweise, nicht in der so genannten Reform einer bestimmten Gesellschaft.

Um herauszufinden, was Wahrheit ist, muss es große Liebe und tiefe Bewusstheit in den Beziehungen des Menschen zu allen Dingen geben – was bedeutet, dass man sich nicht um den eigenen Fortschritt und die eigenen Errungenschaften kümmert. Die Suche nach Wahrheit ist wahre Religion, und der Mensch, der Wahrheit sucht, ist der einzig religiöse Mensch. Ein solcher Mensch ist wegen seiner Liebe außerhalb der Gesellschaft, und seine Einwirkung auf die Gesellschaft ist deshalb völlig verschieden von der eines Menschen, der zur Gesellschaft gehört und sich um Reformen bemüht. Der Reformer kann niemals eine neue Kultur schaffen. Was notwendig ist, ist die Suche des wahrhaft religiösen Menschen, weil diese Suche ihre eigene Kultur hervorbringt, und sie ist unsere einzige Hoffnung. Sehen Sie, die Suche nach Wahrheit verleiht dem Geist eine explosive Kreativität, die die wahre Religion ist, denn in dieser Suche ist der Geist nicht vergiftet durch die Erlasse und Sanktionen der Gesellschaft. Von all dem befreit, ist der religiöse Mensch in der Lage, herauszufinden, was wahr ist; und die Entdeckung, was wahr ist, von Augenblick zu Augenblick, schafft eine neue Kultur.

SCHÖNHEIT

ICH BIN SICHER, wir alle haben das eine oder andere Mal ein tiefes Gefühl von Stille und Schönheit erlebt, das uns angesichts grüner Felder, der untergehenden Sonne, eines stillen Gewässers oder schneebedeckter Gipfel überkam. Was aber ist Schönheit? Ist sie lediglich ein Gefallenfinden, oder liegt Schönheit außerhalb der Wahrnehmung? Wenn Sie bei Kleidung einen guten Geschmack haben, wenn Sie Farben verwenden, die miteinander harmonieren, wenn Sie sich würdig betragen, wenn Sie ruhig sprechen und sich aufrecht halten, trägt all das zur Schönheit bei, nicht wahr? Das ist aber nur der äußere Ausdruck eines inneren Zustandes, wie bei einem Gedicht, das Sie schreiben, oder einem Bild, das Sie malen. Sie können das grüne Feld ansehen, das sich im Fluss spiegelt, und kein Gefühl von Schönheit erleben, es nur vorbeiziehen lassen. Wenn Sie wie der Fischer jeden Tag die Schwalben dicht über das Wasser fliegen sehen, bedeutet Ihnen das wahrscheinlich sehr wenig. Wenn Sie sich jedoch der außergewöhnlichen Schönheit solcher Dinge bewusst sind, was geschieht dann in Ihnen und lässt Sie sagen: „Wie wunderschön!", was bewirkt dieses innere Spüren von Schönheit? Es gibt die Schönheit der äußeren Form: geschmackvolle Kleidung, schöne Bilder, attraktive Möbel oder überhaupt keine Möbel bei leeren, wohlproportionierten Wänden und Fenstern, deren Form vollkommen ist, und so weiter. Ich spreche aber nicht nur davon, sondern von dem, was diese innere Schönheit bewirkt.

Um diese innere Schönheit zu haben, muss man sicherlich auf alles verzichten und innerlich ohne Bindung, ohne Einschränkung, ohne Abwehr und ohne Widerstand sein. Verzicht wird aber chaotisch, wenn er nicht mit Nüchternheit einhergeht. Und wissen wir, was es bedeutet, nüchtern zu sein, mit wenig zufrieden und nicht in Kategorien des „Mehr" zu denken? Es muss diesen Verzicht zusammen mit tiefer innerer Nüchternheit geben – der Nüchternheit, die außergewöhnlich einfach ist, weil der Geist nichts erwirbt oder gewinnt, und nicht in Kategorien des „Mehr" denkt. Es ist diese Einfachheit, die aus nüchternem Verzicht entsteht, welche den Zustand kreativer Schönheit hervorbringt. Aber wenn Sie nicht lieben, können Sie nicht einfach sein. Sie mögen über Einfachheit und Nüchternheit sprechen, aber ohne Liebe ist beides lediglich eine Form von Zwang, und deshalb hat man nicht vollständig verzichtet. Nur der liebt, der sich selbst aufgibt, sich selbst vollständig vergisst und dadurch den Zustand schöpferischer Schönheit hervorbringt.

Schönheit schließt offensichtlich die Schönheit der Form ein, aber ohne innere Schönheit führt das bloß sinnliche Gefallenfinden an der schönen Form zur Entwürdigung, zur Zersetzung. Es gibt innerliche Schönheit nur, wenn Sie für alle Leute und alle Dinge dieser Erde wahre Liebe empfinden; und mit dieser Liebe geht ein enormer Sinn für Rücksichtnahme, Aufmerksamkeit und Geduld einher. Sie mögen über die perfekte Technik als Sänger oder Dichter verfügen, Sie können vielleicht malen oder mit Wörtern umgehen, aber ohne diese innere kreative Schönheit wird Ihr Talent sehr geringe Bedeutung haben.

Unglücklicherweise werden die meisten von uns zu reinen Technikern. Wir bestehen Prüfungen, eignen uns diese oder jene Technik an, um unseren Lebensunterhalt zu verdienen; aber sich diese Techniken anzueignen oder Fähigkeiten zu entwickeln, ohne dem inneren Zustand Beachtung zu schenken, bringt Hässlichkeit und Chaos in der Welt hervor. Wenn wir die innere schöpferische Schönheit erwecken, drückt sie sich äußerlich aus, und dann entsteht Ordnung. Das ist indes sehr viel schwieriger, als eine Technik zu meistern, weil es bedeutet, sich selbst vollständig aufgegeben zu haben und ohne Furcht, ohne Beschränkung, ohne Widerstand, ohne Verteidigung zu sein; und wir können uns auf diese Weise nur dann selbst aufgeben, wenn wir nüchtern sind und einen Sinn für große innere Schlichtheit haben. Äußerlich mögen wir einfach sein, wir haben vielleicht nur wenige Kleidungsstücke und sind mit einer Mahlzeit am Tag zufrieden; das ist aber keine Nüchternheit. Nüchternheit besteht, wenn der Geist fähig ist, sich unbegrenzter Erfahrung zu öffnen – wenn er Erfahrung hat und dennoch sehr einfach bleibt. Dieser Zustand kann jedoch nur dann entstehen, wenn der Geist nicht weiter in der Kategorie des „Mehr" denkt, in den Kategorien des „Ansammelns" und „Aufsteigens".

Es fällt Ihnen vielleicht schwer zu verstehen, worüber ich spreche, aber es ist wirklich ganz wichtig. Sehen Sie, Techniker sind nicht schöpferisch; und es gibt immer mehr Techniker in der Welt, Leute, die wissen, was zu tun ist und wie etwas getan werden muss, die aber nicht schöpferisch sind. In Amerika gibt es Rechenmaschinen, die in wenigen Minuten mathematische Probleme lösen können, für die ein Mensch, der zehn Stunden am Tag arbeitet, hundert Jahre brauchen würde. Aber Maschinen können niemals Schöpfer sein – und Menschen werden mehr und mehr wie Maschinen. Selbst wenn sie aufbegehren, bleibt ihre Rebellion innerhalb der Grenzen der Maschine und ist deshalb überhaupt keine Rebellion.

Es ist also sehr wichtig, herauszufinden, was es heißt, kreativ zu sein. Sie können nur dann kreativ sein, wenn Sie verzichten

– also tatsächlich nur dann, wenn es kein Gefühl von Zwang gibt, keine Angst davor, nicht zu sein, nicht zu bekommen, nicht zu erreichen. Dann stellt sich große Nüchternheit und Einfachheit und damit Liebe ein. Das Ganze ist Schönheit, der schöpferische Zustand. ☙

DAS GRÜNE FELD mit senfgelben Blättern und einem Bach, der hindurchfließt, ist lieblich anzusehen, nicht wahr? Gestern Abend schaute ich es an, und wenn man die außergewöhnliche Schönheit und Stille auf dem Land bemerkt, fragt man sich unweigerlich, was Schönheit ist. Es gibt eine unmittelbare Reaktion auf das, was lieblich ist, und auch auf das, was hässlich ist, die Reaktion von Vergnügen oder von Schmerz; und wir fassen dieses Gefühl in Worte, indem wir sagen: „Dies ist schön", oder „Das ist hässlich". Aber worauf es ankommt, ist nicht das Vergnügen oder der Schmerz, sondern vielmehr, dass man sowohl für das Hässliche als auch für das Schöne aufgeschlossen ist.

Nun, was ist Schönheit? Dies ist eine der grundlegendsten Frage. Sie ist nicht oberflächlich, also wischen Sie sie nicht beiseite. Zu verstehen, was Schönheit ist, diesen Sinn für Güte zu haben, der kommt, wenn Geist und Herz ungehindert mit etwas Lieblichem in Übereinstimmung sind, so dass man sich vollkommen leicht fühlt – das hat gewiss große Bedeutung im Leben, und solange wir diese Reaktion auf Schönheit nicht kennen, wird unser Leben sehr schal sein. Man mag von großer Schönheit umgeben ein, von Bergen und Feldern und Flüssen, aber wenn man dabei nicht auflebt, könnte man genauso gut tot sein.

Ihr Mädchen und Jungen und ihr älteren Leute, stellt euch einfach die Frage: Was ist Schönheit? Sauberkeit, ordentliche Kleidung, ein Lächeln, die Anmut einer Geste der Rhythmus des Gehens, eine Blume im Haar, gute Manieren, Klarheit der

Sprache, Bedachtheit, Rücksicht andern gegenüber, was Pünktlichkeit einschließt – all dies gehört zur Schönheit, ist aber nur die Oberfläche, nicht wahr? Und ist das alles, was Schönheit ist, oder gibt es noch etwas viel Tieferes?

Wir kennen Schönheit der Form, Schönheit der Gestaltung, Schönheit des Lebens. Haben Sie die liebliche Form eines Baums bemerkt, der voller Blätter ist, oder die außergewöhnliche Zartheit eines Baums, der kahl vor dem Himmel steht? Solche Dinge sind schön anzuschauen, aber sie alle sind der oberflächliche Ausdruck von etwas viel Tieferem. Was ist das also, was wir Schönheit nennen?

Sie mögen ein schönes Gesicht mit klar geschnittenen Zügen haben. Sie kleiden sich vielleicht mit Geschmack und haben feine Manieren. Sie mögen gut malen oder die Schönheit einer Landschaft beschreiben, aber ohne dieses innere Gespür von Güte führen alle äußeren Erscheinungen von Schönheit nur zu einem sehr oberflächlichen, anspruchsvollen Leben, einem Leben ohne viel Sinn.

(...)

Es ist die innere Schönheit, die der äußeren Form und Bewegung ihre Anmut und besondere Sanftheit verleiht. Und was ist diese innere Schönheit, ohne die unser Leben flach ist? Haben Sie je darüber nachgedacht? Wahrscheinlich nicht. Sie sind zu geschäftig. Ihr Geist ist zu sehr damit beschäftigt zu lernen, zu spielen, zu sprechen, zu lachen und sich gegenseitig zu ärgern. Es ist jedoch die Aufgabe einer rechten Erziehung, Ihnen entdecken zu helfen, was innere Schönheit ist, ohne welche die äußere Form und Bewegung sehr wenig Sinn haben. Und die tiefe Aufgeschlossenheit für Schönheit ist ein wesentlicher Teil Ihres eigenen Lebens.

Kann ein flacher Geist Schönheit schätzen? Er mag über Schönheit sprechen, kann er aber auch das Aufsteigen immenser Freude erfahren, wenn er etwas anschaut, das wirklich lieblich ist? Wenn der Geist lediglich mit sich selbst und mit seinen eigenen Aktivitäten beschäftigt ist, ist er nicht schön; was immer er tut, er bleibt hässlich, beschränkt und deshalb unfähig zu erkennen, was Schönheit ist. Ein Geist dagegen, der sich nicht um sich selbst kümmert, der frei von Ehrgeiz ist, der nicht in seinen eigenen Wünsche verstrickt ist oder von seinem Streben nach Erfolg getrieben wird – ein solcher Geist ist nicht oberflächlich und blüht in Güte. Verstehen Sie? Es ist diese innere Güte, die Schönheit gibt, selbst dem so genannten hässlichen Gesicht. Wo es innere Güte gibt, wird das hässliche Gesicht transformiert, denn innere Güte ist in Wirklichkeit ein tiefes, religiöses Gefühl.

SELBST-
ERKENNTNIS

BEVOR WIR FRAGEN, was wir tun und wie wir handeln sollen, ist es wichtig zu entdecken, was richtiges Denken ist, denn ohne richtiges Denken kann es offensichtlich kein richtiges Handeln geben. Handeln nach einem Vorbild, einem Glauben, hat die Menschen zu Gegnern gemacht. Ohne Selbsterkenntnis ist kein richtiges Denken möglich, denn wie kann man ohne Selbsterkenntnis wissen, was man wirklich denkt? Wir denken sehr viel und wir handeln sehr viel, aber ein solches Denken und Handeln erzeugt Konflikt und Feindseligkeit, nicht nur in uns selbst, sondern auch in der Welt. Unser Problem ist also, wie wir richtig denken, so dass daraus ein richtiges Handeln hervorgeht, das Konflikt und Verwirrung nicht nur in uns selbst, sondern auch in unserer Umgebung ausschließt.

Wenn unser Denken auf dem Hintergrund unserer Konditionierung basiert, ist alles, was wir denken, offensichtlich eine bloße Reaktion, die zu weiteren Konflikten führt. Bevor wir also herausfinden können, was richtiges Denken ist, müssen wir wissen, was Selbsterkenntnis ist. Selbsterkenntnis ist natürlich nicht das Lernen einer bestimmten Denkweise. Selbsterkenntnis gründet sich nicht auf Ideen, Glaubenslehren oder Schlussfolgerungen. Sie muss etwas Lebendiges sein, sonst hört sie auf, Selbsterkenntnis zu sein, und wird zur bloßen Information. Es besteht ein Unterschied zwischen Information, die Wissen ist, und Weisheit, dem Wissen um den Prozess unserer Gedanken und Gefühle. Doch die meisten von uns sind derart mit Informationen, mit oberflächlichem Wissen vollgestopft, dass sie unfähig sind, viel tiefer in das Problem einzudringen. Um dem ganzen Prozess der Selbsterkenntnis Raum zu geben, müssen wir uns unserer Beziehung bewusst sein. Beziehung ist der einzige Spiegel, den wir haben, ein Spiegel, der nicht verzerrt und in dem wir genau und deutlich sehen, wie unsere Gedanken sich entfalten. Die Isolation, die viele Menschen suchen, ist das verstohlene Aufbauen von Widerstand gegen die Beziehung. Isolation verhindert das Verstehen der Beziehung zu Menschen, Ideen und Dingen. Solange wir nicht wirklich wissen, welcher Art die Beziehung zwischen und selbst und unserem Eigentum, uns selbst und anderen Menschen, uns selbst und den Ideen ist, kann es nur Verwirrung und Konflikt geben.

Wir können also nur in der Beziehung herausfinden, was richtiges Denken ist. Das heißt, wir können in der Beziehung in jedem Augenblick entdecken, wie wir denken, wie wir reagieren, und damit Schritt für Schritt zur Entfaltung des richtigen Denkens gelangen. Es ist nichts Abstraktes und Schwieriges, genau zu beobachten, was in unserer Beziehung stattfindet, was unsere Reaktionen sind, und so die Wahrheit jedes Gedankens, jedes Gefühls zu entdecken. Wenn wir jedoch eine Idee oder eine vorgefasste Meinung hereinbringen, was eine Beziehung sein sollte, dann verhindert dies das Freilegen und das Entfalten dessen, „was ist". Das ist unsere Schwierigkeit: Wir haben uns bereits entschieden, was eine Beziehung sein sollte. Für die meisten von uns steht Beziehung für Trost, Befriedigung, Sicherheit, und in dieser Beziehung benutzen wir Besitz, Ideen und Personen zu unserer Befriedigung. Wir benutzen den Glauben als ein Mittel der Sicherheit. Beziehung ist keine bloße mechanische Anpassung. Wenn wir Menschen benutzen, müssen wir sie besitzen, körperlich oder seelisch, und wenn man jemanden besitzt, rufen wir damit all die Probleme der Eifersucht, des Neides, der Einsamkeit und des Konflikts hervor. Wenn wir das ein wenig genauer und tiefer untersuchen, werden wir sehen, dass das Benutzen einer Person oder eines Besitzes für die eigene Befriedigung zur Isolation führt. Dieser Prozess der Isolation ist keine wirkliche Beziehung. So entstehen unsere Schwierigkeiten und wachsenden Probleme dadurch, dass es uns am Verstehen der Beziehung mangelt, das im Wesentlichen Selbsterkenntnis ist. Wenn wir nicht wissen, welche Beziehung wir zu Menschen, zu Besitz, zu Ideen haben, dann wird unsere Beziehung unweigerlich zum Konflikt führen. Ist das nicht unser ganzes Problem – die Beziehung nicht nur zwischen einzelnen Menschen, sondern zwischen Gruppen von Menschen, zwischen Nationen und linken oder rechten, religiösen oder weltlichen Ideologien? Deshalb ist es wichtig, von Grund auf Ihre Beziehung zu Ihrer Frau, Ihrem Mann, Ihrem Nachbarn zu verstehen, denn Beziehung ist eine Tür, die zur Selbstentdeckung führt, und durch diese Entdeckung verstehen wir, was richtiges Denken ist.

Richtig denken ist etwas ganz anderes als das richtige Denkschema. Das richtige Denkschema ist statisch. Sie können etwas über das richtige Denkschema lernen, aber nicht, wie man richtig denkt, denn richtiges Denken ist eine Bewegung, es ist nicht statisch. Das richtige Denkschema können Sie aus einem Buch, von einem Lehrer lernen, oder Sie können Informationen darüber sammeln, doch Sie können nicht richtig denken, indem Sie einem Muster oder einer Form folgen.

Richtiges Denken ist das Verstehen der Beziehung von einem Augenblick zum anderen, in dem sich der ganze Prozess des Selbst entfaltet.

Auf welcher Ebene Sie auch leben, es gibt Konflikt, nicht nur individuellen Konflikt, sondern auch den Weltkonflikt. Die Welt sind Sie, sie ist nicht getrennt von Ihnen. Was Sie sind, dass ist die Welt. In Ihrer Beziehung zu Menschen und zu Ideen muss eine fundamentale Revolution stattfinden. Eine fundamentale Veränderung ist erforderlich, nicht außerhalb von Ihnen, sondern in Ihren Beziehungen. Deshalb ist es so wichtig für einen friedliebenden Menschen, einen denkenden Menschen, sich selbst zu verstehen. Denn ohne Selbsterkenntnis führen seine Bemühungen nur zu noch mehr Verwirrung und Elend. Seien Sie sich bewusst, was in Ihrem Selbst vorgeht, Sie brauchen keinen Guru, kein Buch, um von einem Augenblick zum anderen Ihre Beziehung zu allen Dingen zu verstehen.

SELBSTERKENNTNIS IST DER ANFANG der Weisheit. Diese Selbsterkenntnis kann man nicht aus Büchern erwerben, Sie können sie selbst nur im Beobachten Ihrer täglichen Beziehung zu Ihrer Frau oder Ihrem Mann, zu Ihren Kindern, Ihrem Chef oder dem Busfahrer entdecken. Nur wenn Sie sich Ihrer selbst in Ihrer Beziehung zu einem anderen Menschen bewusst sind, können Sie entdecken, was in Ihrem eigenen Geist vorgeht, und mit diesem Verstehen Ihrer selbst beginnen Sie, sich von Ihrer Konditionierung zu befreien. Wenn Sie sich dessen zutiefst bewusst sind, werden Sie feststellen, dass der Geist sehr still wird, wirklich still. Diese Stille ist nicht die Stille eines disziplinierten, gefesselten, kontrollierten Geistes, es ist vielmehr die Stille, die sich einstellt, wenn der Geist durch das Verstehen der Beziehung nicht mehr im Mittelpunkt seines eigenen Interesses steht. Erst dann ist der Geist fähig wahrzunehmen, was jenseits seines Ermessens liegt. ☙

SEX

WENN IN IHREM HERZEN keine Liebe ist, dann bleibt Ihnen nur eine Sache: Vergnügen. Dieses Vergnügen ist dann Sex, und deshalb wird Sex zu einem solch riesigen Problem. Um es aufzulösen, ist es nötig, es zu verstehen. Wenn Sie es verstehen, beginnen Sie, Ihren Geist zu befreien.

Was ist Sex? Ist es der Akt, sind es die genussvollen Bilder, sind es die Gedanken und Erinnerungen? Oder einfach eine biologische Tatsache? Und gibt es die Erinnerung, das Bild, die Erregung, den Drang, wenn es Liebe gibt – wenn ich das Wort verwenden kann, ohne es abzuwerten? Ich denke, man muss die körperlichen, biologischen Tatsachen verstehen. Das ist eine Seite. All die Romantisierung, die Aufregung, das Gefühl, dass man sich einem anderen hingegeben hat, die Identifikation mit dem anderen Menschen in dieser Beziehung, das Gefühl der Dauer, die Befriedigung – all das ist eine andere Seite. Wenn wir uns wirklich mit Verlangen beschäftigen, mit Bedürfnissen oder Trieben, wie sehr spielt Sex dabei eine Rolle? Ist es ein psychologisches Bedürfnis, so wie es ein biologisches Bedürfnis ist? Es verlangt einen sehr scharfen Verstand, einen klaren Kopf, um zwischen dem körperlichen und dem psychologischen Bedürfnis zu unterscheiden. Beim Sex geht es um viele Dinge, nicht nur um den Akt. Ist das Verlangen, sich selbst im anderen zu vergessen, ist die Kontinuität der Beziehung, sind Kinder und der Versuch, durch Kinder Unsterblichkeit zu erlangen, sind Frau, Mann, das Gefühl, sich dem anderen hinzugeben, mit all den Begleitproblemen von Eifersucht, Bindung, Angst – und ist die Agonie all dessen – wirklich Liebe? Wenn man Triebe und Bedürfnisse nicht tief innen vollständig versteht, tief in den dunklen Nischen des eigenen Bewusstseins, dann führen Sex, Liebe und Verlangen zu Chaos in unserem Leben.

Wie kommt es, dass wir alles, womit wir uns beschäftigen, gleich zu einem Problem machen? Wir haben Gott zu einem Problem gemacht, wir haben Liebe zu einem Problem gemacht, wir haben Beziehungen, das Leben und Sex zu einem Problem gemacht. Warum? Warum wird alles, was wir tun, zu einem Schrecken? Warum leiden wir? Warum ist Sex ein Problem geworden? Warum akzeptieren wir es, dass wir mit Problemen leben, warum beenden wir sie nicht? Warum sterben wir nicht für unsere Probleme, anstatt sie Tag für Tag, Jahr für Jahr, mit uns herumzuschleppen?

Sex ist sicher eine relevante Frage, aber die primäre Frage lautet: Warum machen wir das Leben zu einem Problem? Arbeiten, Sex, Geld verdienen, denken, fühlen, erfahren – das ganze Geschäft des Lebens – warum ist das ein Problem? Kommt es nicht im Wesentlichen daher, weil wir immer von einem bestimmten Standpunkt aus denken, von einem fixierten Gesichtspunkt aus? Wir denken immer aus einem Zentrum heraus auf die Peripherie hin, aber die Peripherie ist für die meisten von uns das Zentrum, und deshalb wird alles, womit wir uns befassen, oberflächlich. Das Leben ist aber nicht oberflächlich; es verlangt, ganz zu leben, und weil wir nur oberflächlich leben, kennen wir nur oberflächliche Reaktionen. Alles, was wir nur am Rande tun, bringt unweigerlich ein Problem mit sich – und so ist es dann, unser Leben: Wir leben im Oberflächlichen, und wir sind zufrieden damit, mit all den Problemen des Oberflächlichen zu leben. Probleme werden so lange existieren, wie wir an der Oberfläche, an der Peripherie leben. Die Peripherie ist das „Ich" und „mein" und seine Sinnesempfindungen, die veräußerlicht und subjektiv gemacht werden können, die mit dem Universum, mit dem Land oder mit anderen Dingen identifiziert werden können, die vom Verstand erschaffen worden sind.

So lange wir im Bereich des Verstandes leben, muss es Komplikationen geben, muss es Probleme geben – das ist ja alles, was wir kennen. Der Verstand, der Geist, ist eine Sinnesempfindung, das Resultat angesammelter Sinnesempfindungen und Reaktionen, und alles, was er berührt, muss notwendig Leid erzeugen, Verwirrung, ein endloses Problem. Der Verstand ist die wahre Ursache unserer Probleme; dieser Verstand, der Tag und Nacht mechanisch arbeitet, bewusst und unbewusst. Der Verstand ist es etwas höchst Oberflächliches, und wir haben über Generationen unser gesamtes Leben damit verbracht, den Verstand, den Geist zu kultivieren, ihn klüger und cleverer zu machen, subtiler, berechnender und hinterhältiger, was sich ja alles in jeder Tätigkeit unseres Lebens zeigt. Das innerste Wesen unseres Verstandes ist, unehrlich zu sein, betrügerisch, unfähig, mit Tatsachen umzugehen, und das ist es, was die Probleme erzeugt, diese Sache ist das Problem selbst.

Was meinen wir mit dem Problem von Sex? Ist es der Akt oder ist es ein Gedanke über den Akt? Sicher ist es nicht der Akt. Der sexuelle Vorgang ist für Sie kein Problem, genauso wenig wie Essen ein Problem für Sie ist. Wenn Sie aber den ganzen Tag lang darüber nachdenken, zu essen oder irgendetwas anderes zu tun, weil Sie über nichts anderes nachzudenken haben, dann wird es für Sie ein Problem. Ist also der sexuelle Akt das Problem oder das Nachdenken über den Akt? Warum denken Sie darüber nach? Warum also machen Sie ein Problem daraus, wie Sie es offensichtlich tun? Die Kinos, die Illustrierte, die Geschichten, die Art, wie Frauen sich kleiden – alles nährt das Denken an Sex. Warum macht der Verstand daraus so eine große Sache, warum denkt der Geist überhaupt an Sex? Warum? Warum ist es ein zentrales Thema in Ihrem Leben geworden? Obwohl so viele andere Dinge Ihrer Aufmerksamkeit bedürfen, richten Sie Ihre Aufmerksamkeit auf Gedanken an Sex. Was passiert da, warum ist Ihr Bewusstsein so damit beschäftigt? Weil es ein Weg vollständigen Ausbrechens ist, oder nicht? Ein Weg, sich selbst völlig zu vergessen. In dieser Zeit, zumindest in diesem Augenblick, können Sie sich selbst vergessen – und Sie kennen keine andere Möglichkeit, sich selbst zu vergessen. Alles, was Sie sonst im Leben tun, verstärkt das „Ich" und „mein", das Ego. Ihr Beruf, Ihre Religion, Ihre Götter, Ihre Führer, Ihre politischen und wirtschaftlichen Betätigungen, Ihre Fluchten, Ihre gesellschaftlichen Aktivitäten, Ihr Eintritt in eine Partei und die Ablehnung einer anderen – all das betont und verstärkt das Ich.

Es gibt also nur eine Tätigkeit, in der das Ich nicht betont wird, und die wird zum Problem, nicht wahr? Wenn es nur eine Sache in Ihrem Leben gibt, die einen Ausweg zur Flucht in die vollständige Selbstvergessenheit bietet, und sei es nur für wenige Sekunden, dann halten Sie daran fest, weil das der einzige Augenblick ist, in dem Sie glücklich sind. Alle anderen Bereiche und Themen, mit denen Sie in Berührung kommen, werden zum Albtraum, zu einer Quelle von Schmerzen und Leid, also hängen Sie sich an die einzige Sache, die Ihnen völlige Selbstvergessenheit gibt, die Sie Glück nennen. Aber sobald Sie sich daran hängen, wird auch das zu einem Albtraum, weil Sie nicht zum Sklaven werden, weil Sie sich davon befreien wollen. Also erfinden Sie, wieder in Ihrem Verstand, die Idee von Keuschheit, von Zölibat, und Sie versuchen vielleicht, im Zölibat, keusch zu sein – durch Unterdrückung. Das sind alles Vorgehensweisen des Verstands, der sich vom Tun abschneidet. Und es führt dazu, das Ich umso mehr zu betonen, das versucht, „jemand" zu werden – so sind Sie erneut in Mühen, Problemen, Anstrengungen und Leiden gefangen.

Sex wird ein ungewöhnlich schwieriges und kompliziertes Problem, solange Sie nicht den Verstand verstehen, der über das Problem nachdenkt. Der Akt selbst kann nie ein Problem sein – was wir über den Akt denken, erzeugt das Problem. Den Vorgang selbst schützen Sie; Sie leben gelöst oder Sie schwelgen in der sexuellen Beziehung Ihrer Ehe (und machen Ihre Frau oder Ihren Mann damit zu Prostituierten, ohne dass es anders als ehrbar aussieht). Und das reicht Ihnen. Das Problem kann sicher nur dann verstanden werden, wenn Sie den gesamten Prozess und die Struktur von „Ich" und „mein" begreifen: meine Frau, mein Mann, mein Kind, mein Besitz, mein Auto, meine Leistung, mein Erfolg. Bis Sie das alles verstehen und lösen, wird Sex ein Problem bleiben. So lange Sie voller Ehrgeiz sind – politisch, religiös oder auf eine andere Weise –, so lange Sie das Ich betonen, den Denkenden, den Erfahrenden, indem Sie ihn mit Ehrgeiz nähren – sei es nun in Ihrem eigenen Namen oder im Namen des Landes, der Partei oder einer Idee, die Sie Religion nennen –, so lange es also diese Tätigkeit der Ichausdehnung gibt, werden Sie ein sexuelles Problem haben.

Sie schaffen, nähren und dehnen sich und Ihr Ich einerseits aus, und andererseits versuchen Sie, sich selbst zu vergessen, sich auch nur einen Moment lang zu verlieren. Wie können diese beiden Aspekte nebeneinander bestehen? Ihr Leben ist ein Widerspruch; Betonung des Ichs und Vergessen des Ichs. Sex ist nicht das Problem; das Problem ist dieser Widerspruch in Ihrem Leben, und er kann nicht vom Verstand überbrückt werden, weil der Verstand selbst ein Widerspruch in sich ist.

Diesen Widerspruch kann nur verstehen, wer den Vorgang und Ablauf der eigenen täglichen Existenz ganz versteht.

Wenn Sie als Mann ins Kino gehen und Frauen auf der Leinwand ansehen, wenn Sie Bücher lesen, die Ihre Vorstellung anregen, wenn Sie Illustrierte anschauen; die Art, wie Sie Frauen ansehen, die verstohlenen Blicke, die Ihre Augen fangen – all diese Dinge ermuntern den Geist auf hinterlistige Weise, das Ich zu verstärken, und gleichzeitig versuchen Sie, freundlich, liebevoll, zärtlich zu sein. Beides passt nicht zusammen. Der Mann, der ehrgeizig ist, sei es spirituell oder auf einem anderen Gebiet, wird nie frei von Problemen sein, weil Probleme nur aufhören, wenn das Ich vergessen wird, wenn „Ich" und „mein" nicht vorhanden sind. Dieser Zustand der Nicht-Existenz des Ich ist kein Willensakt, auch keine bloße Reaktion auf etwas. Sex wird zu einer Reaktion; wenn der Verstand das Problem zu lösen versucht, macht er es nur noch komplizierter und verwirrender, problematischer und leidvoller. Nicht der Akt ist das Problem, sondern der Verstand, der den Anspruch hat, keusch zu sein. Keuschheit ist keine Sache des Verstandes. Der Verstand kann nur seine eigenen Aktivitäten unterdrücken, und Unterdrückung hat nichts mit Keuschheit zu tun.

Keuschheit ist keine Tugend, Keuschheit kann man nicht kultivieren. Der Mensch, der Demut kultiviert, ist sicher kein demütiger Mensch. Er nennt vielleicht seinen Stolz Demut, aber er ist ein stolzer Mensch, und deshalb versucht er, demütig zu werden. Stolz kann niemals demütig werden, und Keuschheit ist keine Sache des Geistes – Sie können nicht keusch werden. Sie werden Keuschheit erst dann kennen, wenn es Liebe gibt, und Liebe kommt nicht aus dem Geist, und sie ist auch keine Sache des Verstandes.

Das Problem mit dem Sex, das so viele Menschen in der ganzen Welt quält, kann deshalb so lange nicht gelöst werden, bis sie den Verstand, den Geist verstehen. Wir können das Denken nicht beenden, aber das Denken hört auf, wenn der Denkende aufhört zu bestehen; und der Denkende hört auf zu existieren, wenn er den gesamten Prozess hinter all dem versteht. Angst entsteht, wenn es eine Spaltung zwischen dem Denkenden und seinen Gedanken gibt. Nur dort, wo es keinen Denkenden mehr gibt, nur dort existiert kein Konflikt im Denken. Was ohnehin vorhanden ist und implizit besteht, muss nicht erst unter Mühen verstanden werden. Der Denkende entsteht erst durch das Denken selbst; dann bemüht sich der Denkende, seine Gedanken zu bilden und zu beherrschen oder sie zu beenden. Der Denkende ist eine fiktive Gestalt, eine Illusion des Verstandes, des Geistes. Wenn man Denken als ein Faktum erkennt, dann gibt es keine weitere Notwendigkeit, über das Faktum nachzudenken. Wo es einfache, erwartungslose und nicht auf Entscheidungen zielende Bewusstheit gibt, beginnt sich das, was im Faktum impliziert ist, selbst zu offenbaren; damit endet Denken als Faktum. Dann werden Sie erkennen, dass die Probleme, die unser Herz und unseren Geist verzehren, die Probleme unserer sozialen Struktur, gelöst werden können. Dann ist Sex kein Problem mehr, es hat seinen angemessenen Platz, es ist weder eine unreine noch eine reine Angelegenheit. Sex hat seinen Platz, aber wenn der Verstand ihm einen vorherrschenden Platz gibt, dann wird er zum Problem. Der Verstand verleiht Sex einen dominanten Platz, weil er nicht ohne ein bisschen Glück leben kann, und so wird Sex zu einem Problem. Wenn der Verstand seinen ganzen eigenen Prozess versteht und so zu einem Ende kommt, wenn das Denken aufhört, dann entsteht eine schöpferische Tätigkeit, und die Schöpfung macht uns glücklich. Es bedeutet Wonne und Segen, in einem Zustand der schöpferischen Tätigkeit zu sein – es ist Selbstvergessen ohne eine Reaktion vom Ich. Das ist keine abstrakte Antwort auf das Alltagsproblem mit Sex – es ist die einzige Antwort. Der Verstand leugnet Liebe und lehnt sie ab, und ohne Liebe gibt es keine Keuschheit. Weil keine Liebe besteht, machen Sie Sex zu einem Problem.

VERGNÜGEN

WAS BEDEUTEN VERGNÜGEN und Freude, die jedes menschliche Wesen erstrebt, koste es, was es wolle? Was ist Vergnügen? Es gibt Freude, die aufgrund von Besitz entsteht; Freude durch eine Fähigkeit oder ein Talent; Freude, wenn man einen anderen beherrscht; das Vergnügen, wenn man enorme Macht ausübt, politische, religiöse oder wirtschaftliche; das Vergnügen von Sex; die Freude an einem großen Gefühl der Freiheit, die viel Geld gibt. Es gibt verschiedene Formen von Freude. Im Vergnügen ist Zufriedenheit; es gibt aber auch Ekstase, reines Entzücken. „Ekstase" bedeutet, außer sich zu sein, über sich hinauszugehen. Da gibt es kein Ich mehr, das sich vergnügt. Das Ich, das Ego, die Persönlichkeit sind völlig verschwunden; es gibt da nur noch das Gefühl, draußen zu sein. Das ist Ekstase. Ekstase hat überhaupt nichts mit Vergnügen zu tun.

Sie entzücken sich an etwas; Entzücken entsteht ganz natürlich, wenn Sie etwas sehr Schönes ansehen. In diesem Augenblick, in dieser Sekunde, gibt es weder Vergnügen noch Freude, da ist nur die Wahrnehmung des Schauens. Im Schauen ist kein Ich. Wenn Sie einen Berg mit seiner Schneekappe ansehen, mit seinen Tälern, seiner Größe und Herrlichkeit, wird alles Denken fortgetrieben. Da ist sie: die Größe vor Ihnen, und da ist Entzücken darüber. Dann taucht das Denken auf und speichert in Form einer Erinnerung, was für eine wunderbare und schöne Erfahrung der Anblick war. Dann wird diese Erinnerung kultiviert und die Kultivierung wird zum Vergnügen. Immer, wenn das Denken sich in ein Gefühl von Schönheit einschaltet, wird etwas registriert, gespeichert: sei es ein Gedicht, ein Gewässer, ein einsamer Baum in einem Feld. Wichtig ist jedoch, es zu sehen und nicht zu speichern! In dem Moment, in dem Sie die Schönheit dessen, was Sie sehen, registrieren und speichern, setzt der Vorgang des Speicherns das Denken in Bewegung; dann strebt das Verlangen nach dieser Schönheit; und daraus entsteht das Streben nach Vergnügen. Man sieht eine schöne Frau oder einen Mann; sofort wird das im Gehirn registriert; dann bringt dieser Speichervorgang das Denken ins Spiel und Sie wollen in ihrer oder seiner Gesellschaft sein, und es folgt, was dann folgt. Vergnügen ist die Fortsetzung und Kultivierung einer Wahrnehmung im Denken. In der letzten Nacht hatten Sie ein sexuelles Erlebnis oder vor zwei Wochen; Sie erinnern sich daran und wünschen seine Wiederholung, und das ist das Verlangen nach Vergnügen.

Ist es möglich, nur die Dinge zu speichern, die absolut notwendig sind? Die notwendigen Dinge sind die Kenntnisse, wie man ein Auto fährt, eine Sprache spricht, technisches Wissen, lesen und schreiben zu können, und so weiter. In unseren zwischenmenschlichen Beziehungen jedoch, zwischen Mann und Frau zum Beispiel, wird jedes Ereignis in der Beziehung registriert. Was passiert da? Die Frau ist nervös, jammert, oder sie ist freundlich, liebevoll, oder sie sagt etwas Unschönes, gerade bevor der Mann zur Arbeit geht. Von da her wird aufgebaut, es wird gespeichert, der Mann macht sich ein Bild von ihr und sie vom Mann – das ist eine Tatsache. In menschlichen Beziehungen, zwischen Mann und Frau, zwischen Nachbarn und so fort, werden Dinge gespeichert und es findet ein Prozess der Image-Bildung statt. Anders wäre es: Wenn der Mann etwas

Unschönes sagt, hören Sie sorgfältig darauf, beenden Sie es jedoch, indem Sie es nicht weiter in sich tragen. Dann werden Sie feststellen, dass kein Bild erzeugt wird. Wenn zwischen einem Mann und einer Frau keine Bilder geschaffen werden, verändert sich die Beziehung. Es gibt nicht mehr eine Beziehung des einen Denkens, das einem anderen Denken entgegengesetzt ist. Das wird normalerweise Beziehung genannt, obwohl es das nicht ist, sondern nur Ideen darstellt.

Vergnügen folgt dem Prozess, dass ein gespeichertes Ereignis durch das Denken fortgesetzt wird. Denken ist die Wurzel von Vergnügen. Wenn Sie kein Denken hätten und Sie würden etwas Schönes sehen, würde es einfach dabei bleiben. Aber das Denken sagt: „Nein, ich muss das haben." Daraus entsteht die gesamte Bewegung des Denkens.

Was ist das Verhältnis von Vergnügen zu Fröhlichkeit? Fröhlichkeit, leichte Freude stellt sich unerwartet ein. Sie gehen eine Straße entlang oder sitzen in einem Bus oder wandern durch die Wälder, und Sie sehen Blumen, Hügel, die Wolken und den blauen Himmel, und plötzlich stellt sich das ungewöhnliche Gefühl einer großen Freude ein. Das wird registriert und gespeichert, und schon sagt das Denken: „Was für eine wundersame Sache das war, davon möchte ich mehr haben." Wieder wird Fröhlichkeit, Freude, durch das Denken in Vergnügen verwandelt. Aber es kommt darauf an, die Dinge so zu sehen, wie sie sind, nicht, wie Sie sie gern hätten. Das heißt, genau zu sehen, ohne jede Verzerrung, was sich wirklich abspielt.

Was ist Liebe? Ist sie Vergnügen, das die Fortsetzung eines Erlebnisses durch die Bewegung des Denkens darstellt? Ist die Bewegung des Denkens Liebe? Ist Liebe Erinnerung? Etwas ist geschehen, und nun lebt man in der Erinnerung daran, man fühlt die Erinnerung an etwas, was vorbei ist, man belebt es wieder und sagt: „Was für eine herrliche Sache das damals war, als wir unter diesem Baum zusammen gesessen haben; das war Liebe." Aber hier geschieht nichts anderes, als dass sich jemand an etwas erinnert, was vorbei ist. Ist das nun Liebe? Ist Liebe das Vergnügen von Sex, in dem es keine Zärtlichkeit, keine Herzenswärme und so weiter gibt? Ist das Liebe? Ich sage damit weder, dass es Liebe ist noch dass es keine Liebe ist.

Wir hinterfragen einfach alles, was der Mensch sich konstruiert hat und von dem er sagt: „Das ist Liebe." Wenn Liebe Vergnügen ist, dann betont sie die Erinnerung an vergangene Dinge und stellt deshalb die Bedeutung des Ichs in den Vordergrund – dann geht es um mein Vergnügen, meine Erregung, meine Erinnerungen. Ist das Liebe? Und ist Liebe Verlangen? Was ist Verlangen? Man möchte ein Auto, ein Haus, man möchte prominent sein, Macht haben, eine hohe Stellung einnehmen. Es gibt unendlich viele Dinge, nach denen man verlangt: so schön wie ein anderer zu sein, so intelligent, so clever, so klug. Bringt das Klarheit?

Die Sache, die man Liebe nennt, beruht auf Wünschen, auf Verlangen – dem Verlangen, mit einer Frau zu schlafen oder mit einem Mann zu schlafen, dem Wunsch, sie zu besitzen, sie zu beherrschen, sie zu kontrollieren. „Sie gehört mir." Ist da Liebe in dem Vergnügen, das aus Besitzansprüchen entsteht, aus Dominanz? Der Mann beherrscht die Welt, und jetzt kämpft die Frau gegen diese Dominanz an.

Was ist Verlangen? Bringt Verlangen Klärung, Klarheit? Erblüht Mitgefühl in seinem Feld? Wenn es keine Klarheit mit sich und wenn Verlangen nicht das Feld ist, auf dem die Schönheit und Größe von Mitgefühl erblühen, welchen Platz hat Verlangen dann? Wie entsteht das Wünschen und Wollen? Man sieht eine schöne Frau, oder einen schönen Mann – man sieht. Es gibt die Wahrnehmung, das Sehen, dann den Kontakt, die Berührung, dann die Sinnesempfindung, dann wird diese

Sinnesempfindung vom Denken beherrscht, woraus dann das Image, das Bild mit seinem Verlangen wird. Sie sehen eine schöne Vase, eine wunderbare Skulptur, vielleicht eine antike ägyptische oder griechische; Sie schauen sie an und Sie berühren sie. Sie spüren die Tiefe der Skulptur, eine Gestalt, die mit gekreuzten Beinen sitzt. Daraus entsteht eine Sinnesempfindung. Was für eine wunderschöne Sache! Und aus dieser Empfindung entsteht Verlangen: „Ich wünschte, dass ich das in meinem Zimmer hätte, um es jeden Tag anzusehen, jeden Tag zu berühren." Es stellt sich der Stolz des Besitzens ein, dass man etwa so Schönes zum Eigentum hat. Das ist Verlangen: Sehen, Berührung, Sinnesempfindung; dann benutzt das Denken diese Sinnesempfindung, um das Verlangen nach Besitz zu kultivieren – oder das Verlangen, es nicht zu besitzen.

Jetzt kommt die Schwierigkeit. Religiöse Leute haben all das erkannt und gesagt: „Geloben Sie, das Zölibat einzuhalten; blicken Sie keine Frau an; wenn Sie sie ansehen, dann behandeln Sie sie wie Ihre Schwester, wie Ihre Mutter; da Sie im Dienste Gottes stehen, brauchen Sie all Ihre Energie, um Ihm zu dienen; im Dienste Gottes werden Sie große Prüfungen erfahren, seinen Sie deshalb also auf der Hut und vergeuden Sie Ihre Energie nicht." Die Sache kocht aber vor sich hin, drängt auf Befriedigung, möchte sich erfüllen.

Verlangen entsteht aus dieser Entwicklung oder Bewegung: Sehen, berühren, spüren, denken und Bilder ausmalen, verlangen. Jetzt sagen wir: Sehen, berühren, spüren – das ist normal, das ist gesund, und belassen wir es dabei, beenden wir das hier, lassen Sie nicht das Denken sich einschalten und daraus ein Verlangen bilden. Wenn Sie das verstehen, dann werden Sie auch verstehen, dass es sich dabei nicht um ein Unterdrücken von Wünschen handelt. Sie sehen ein schönes Haus, in guten Proportionen gebaut mit hübschen Fenstern, ein Dach, das zum Himmel reicht, dicke Mauern, die Teil der Erde sind, ein gepflegter Garten dabei. Sie schauen es an, es gibt eine Empfindung. Sie berühren das Haus – vielleicht nicht buchstäblich, aber Sie berühren es mit Ihren Augen –, Sie riechen die Luft, die Kräuter, das frisch geschnittene Gras. Können Sie es damit nicht gut sein lassen? Lassen Sie es dabei bewenden und sagen Sie: „Das ist ein schönes Haus." Kein Registrieren und Speichern und keinen Gedanken, der sagt: „ich wünschte, ich hätte dieses Haus" – das ist Verlangen und die Fortsetzung von Verlangen. Das kann so leicht sein – und ich meine leicht, wenn Sie die Natur von Denken und Verlangen verstehen.

Nun wollen wir sehen, was mit einem Geist passiert, der immerfort sich selbst kontrolliert, unterdrückt und Verlangen sublimiert. Ein solcher Geist wird unsensibel, unempfindsam, weil er sich ständig mit sich selbst beschäftigt. Obwohl der Verstand vielleicht über Empfindsamkeit spricht, über Güte, obwohl er vielleicht sagt, dass wir doch brüderlich sein sollten, dass wir eine wunderbare bessere Welt bauen müssten und alles andere, worüber Menschen reden, die Verlangen unterdrücken: ein solcher Verstand ist unsensibel, weil er nicht versteht, was er unterdrückt hat. Ob Sie Verlangen unterdrücken oder ihm nachgeben, bleibt letztlich das Gleiche, weil das Verlangen immer noch da ist. Sie mögen das Verlangen nach einer Frau unterdrücken, nach einem Auto, nach einer Stellung; aber gerade auch der Antrieb, der Sie das Verlangen danach unterdrücken lässt, ist für sich genommen eine Form von Verlangen. Wenn Sie also von Verlangen gefangen sind, kommt es darauf an, es zu verstehen und nicht, zu beurteilen, ob es richtig oder falsch ist.

Was ist nun Verlangen? Wenn ich sehe, wie sich ein Baum im Wind bewegt, dann ist das ein schöner Anblick, und was sollte daran nicht in Ordnung sein? Was wäre schlecht daran, die herrliche Bewegung eines Vogels zu beobachten, der auf seinen Schwingen durch die Lüfte fliegt? Warum sollte es falsch sein, ein schönes neues und exzellent gebautes Auto anzusehen? Und was wäre nicht in Ordnung daran, wenn wir einen hübschen Menschen mit ebenmäßigen Zügen anblicken, ein Gesicht, in dem sich Intelligenz und Charakter zeigen?

Das Verlangen belässt es aber nicht dabei. Die Wahrnehmung ist nicht nur einfach Wahrnehmung, sie bringt Sinnesempfindung hervor. Mit dem Aufsteigen von Sinnesreaktionen wollen Sie berühren, Kontakt aufnehmen, und dann stellt sich der Drang ein, zu besitzen. Sie sagen: „Das ist wunderschön, das muss ich haben." Und so beginnt der Wirbel des Verlangens.

Ist es nun möglich, sich der schönen und hässlichen Dinge im Leben bewusst zu sein, sie wahrnehmen, sie zu beobachten, und nicht zu sagen „Ich muss das haben" oder „Ich darf das nicht haben"? Haben Sie etwas genau betrachtet? Verstehen Sie, meine Herren? Haben Sie je Ihre Frau beobachtet, Ihre Kinder, Ihre Freunde – sie einfach betrachtet? Haben Sie je eine Blume angeblickt, ohne sie Rose zu nennen, ohne sie in Ihr Knopfloch stecken zu wollen? Wenn Sie einfach betrachten können ohne alle die Bewertungen des Verstandes, dann werden Sie feststellen, dass Verlangen nicht mehr so furchterregend ist. Sie blicken dann ein Auto an, sehen seine Schönheit und werden nicht vom Drang oder Widerspruch des Verlangens eingefangen. Das erfordert jedoch eine immense Intensität der Betrachtung, nicht nur einen kurzen Blick. Es ist nicht so, dass Sie kein Verlangen hätten, aber der Verstand kann schauen, ohne zu benennen. Ich kann den Mond ansehen und muss nicht sofort sagen: „Das ist der Mond. Sieh nur, wie schön er ist." Es muss sich kein Geplapper des Verstands einmischen. Wenn Sie das tun können, werden Sie herausfinden, dass in der Intensität der Beobachtung, des Spürens, der echten Zuneigung Liebe ihre eigene Tätigkeit entfaltet, die nicht die entgegengesetzte Handlungsweise zum Verlangen darstellt.

Experimentieren Sie damit und Sie werden sehen, wie schwierig es für den Geist ist, etwas zu betrachten, ohne über das, was er sieht, zu palavern. Aber sicher ist doch Liebe so, oder nicht? Wie können Sie lieben, wenn Ihr Verstand nie schweigt und still ist, wenn Sie immerzu über sich selbst nachdenken? Einen Menschen mit Ihrem ganzen Sein zu lieben, mit Ihrem Geist, Herz und Körper, verlangt nach hoher Intensität, und wenn Liebe intensiv ist, verschwindet Verlangen schon bald. Aber die meisten unter uns haben eine derartige Intensität noch nie in Bezug auf irgendetwas erlebt. Wir haben nie Empfindungen für irgendetwas, ohne etwas dadurch erreichen zu wollen. Aber nur der Geist, der diese intensive Energie besitzt, ist fähig, der raschen Bewegung von Wahrheit zu folgen. Wahrheit ist nicht statisch; sie ist schneller als das Denken, und der Verstand kann sie unmöglich erfassen. Um Wahrheit zu verstehen, muss es diese riesige Energie geben, die nicht konserviert oder kultiviert werden kann. Diese Energie entsteht nicht durch Selbstverleugnung, durch Unterdrückung. Im Gegenteil: sie fordert vollständiges Loslassen, und Sie können sich selbst nicht loslassen oder irgendetwas aufgeben, das Sie haben, wenn Sie nur ein Resultat anstreben.

Es ist möglich, in dieser Welt ohne Neid zu leben, einer Welt, die doch auf Neid beruht, auf dem Erwerb von Besitz und Macht und sozialer Stellung. Das verlangt jedoch eine ungewöhnlich hohe Intensität, eine Klarheit des Denkens, des Verstehens. Sie können nicht frei von Neid sein, ohne sich selbst zu verstehen. Der Anfang ist hier, nicht irgendwo sonst. So lange Sie nicht bei sich selbst beginnen, können Sie tun, was Sie wollen, und Sie werden doch nie ein Ende des Kummers erfahren.

VERSTEHEN

EIN MENSCH, der etwas erforscht, kann niemals zu einem Ergebnis kommen. Das Leben ist ein immens großer Strom, der unaufhörlich fließt und sich bewegt. Wenn Sie diesem Strom nicht frei folgen, mit Entzücken, mit Sensibilität, voll großer Freude, dann werden Sie nicht dessen ganze Schönheit sehen, seinen Umfang, die Eigenschaften dieses Stroms. Wir müssen dieses Problem also verstehen.

Wenn wir das Wort *verstehen* verwenden, meinen wir damit doch nicht intellektuelles Verstehen, nicht wahr? Vielleicht haben Sie das Wort *Bild*, das Wort *Image* verstanden, wie das durch Wissen, Erfahrung, Tradition und aufgrund der verschiedenen Erlebnisse im Familienleben, am Arbeitsplatz, erzeugt wird – all das also, was das Bild erzeugt. Welche Maschinerie macht dieses Bild? Das Bild muss ja zusammengesetzt werden. Das Image muss aufrechterhalten werden, sonst bricht es in sich zusammen. Sie müssen also selbst herausfinden, wie diese Maschinerie funktioniert. Und wenn Sie das Wesen der Maschinerie verstanden haben und deren Bedeutung, dann hört das Bild auf zu bestehen; nicht nur das bewusste Bild, das Image, das Sie bewusst von sich selbst haben und dessen Sie sich oberflächlich gewahr sind, sondern auch das Bild tief unten, das gesamte Bild. Ich hoffe, ich mache diese Sache klar.

VERWIRRUNG

DIE KULTUR, in welcher der Geist sich entwickelt hat, in der er gebildet und gefördert wurde, hat Verwirrung als eine Lebensweise akzeptiert: „Ja ich bin verwirrt, und machen wir weiter so. Machen wir nicht so viel Aufhebens darum, leben wir einfach so weiter." Und eines schönen Tages wird mir klar, dass ich tatsächlich verwirrt bin, zwar nicht völlig, aber teilweise. Die Kultur hat mich dazu erzogen, sie hat diesen Geist dazu ausgebildet, in Verwirrung und Unordnung zu leben. Und das hat viel Kummer und Elend gebracht. Und der Geist sagt: „Es muss doch einen Ausweg aus all dem geben." Und allmählich lernt er, sich selbst zu beobachten. Der Geist erkennt, dass er sich nur selbst beobachten kann, wenn kein Gedanke sich regt, denn das Denken hat ja das ganze Durcheinander dieser Kultur angerichtet. Und er erkennt, dass er nur klar sehen kann, wenn keine Bewegung des Denkens stattfindet. Ist das möglich? Er probiert es aus. Er akzeptiert es nicht einfach, sondern er sagt: „Ich werde es ausprobieren, werde herausfinden, ob es möglich ist." So schaut er Berge an, die Hügel, die Flüsse, die Bäume und die Menschen. Die Außenwelt zu betrachten, ohne dass das Denken dazwischengerät, ist vergleichsweise leicht. Doch es wird wesentlich schwieriger, wenn man nach innen blickt. Zur inneren Wahrnehmung gesellt sich stets das Verlangen, etwas von dem Wahrgenommenen umzusetzen. Und man erkennt, dass dies wiederum die Aktivität des Denkens ist. Und der Geist betrachtet alles und erkennt, dass dieser Prozess der Wahl bzw. des Konflikts existieren muss, solange ein Beobachter da ist. Ist es also möglich, ohne den Beobachter, der aus Vergangenheit und Erfahrung besteht, zu beobachten? Das erfordert beträchtliche Aufmerksamkeit. Diese Aufmerksamkeit bringt ihre eigene Ordnung hervor, sie ist Disziplin. Es ist durchaus keine aufgezwungene Ordnung. Allein dieses Experiment, allein dieses Ausprobieren der Beobachtung ohne den Beobachter, bringt seine eigene Ordnung, einen Zustand vollkommener Aufmerksamkeit mit sich. Und der Geist beobachtet jetzt ohne den Beobachter und bleibt unverrückbar bei dem, „was ist". Richtig? Und was kommt dann?

Sehen Sie, was der Geist zuvor getan hat. Er war nicht fähig, sich dem zu stellen, „was ist", sondern hat seine Energie mit dem Versuch verschwendet, davor zu fliehen, es zu unterdrücken, zu analysieren, zu erklären. Wenn jedoch der Geist seine Energie nicht verschwendet hat, indem er vollkommen bei dem, „was ist", geblieben ist, dann hat er seine volle Energie. Verstehen Sie? Kein Funken Energie ist verschwendet. Es gibt kein Entkommen, es gibt kein Benennen, es gibt keinen Versuch, es zu überwinden, zu unterdrücken oder in ein Muster einzupassen. Das alles ist eine Vergeudung von Energie. Wenn diese Energie nicht verschwendet wurde, ist der Geist voller Energie und beobachtet wirklich das, „was ist". Ist dann das, „was ist", da? Gibt es dann noch Verwirrung?. ☙

WIRKLICHKEIT

KÖNNEN WIR – nicht als Reaktion, sondern weil wie diesen ganzen Vorgang der Trennung zwischen Idee und Tatsache verstehen - die Idee vergessen und der Tatsache, der Wirklichkeit ins Gesicht sehen? Wenn nicht, dann ist diese Trennung zwischen dem, was sein sollte, und dem was ist, die trügerischste Art, mit dem Leben umzugehen. Die Bhagavad Gita, die Bibel, Jesus, Krishna, alle diese Menschen, diese Bücher sagen: „Du sollst, du sollst, du sollst." Das alles sind Ideen, Ideologien, vergessen Sie sie. Erst dann können wir uns der Tatsache zuwenden.

WORTE

WENN SIE eine Blume ansehen, wird jeder Gedanke über die Blume verhindern, dass Sie sie wirklich sehen. Die Worte Rose, Veilchen, diese Blume, jene Blume, es handelt sich um diese Sorte, halten Sie davon ab, wirklich zu beobachten. Um schauen zu können, darf es keine Störung durch das Wort geben; Worte sind die Objektivierung von Gedanken. Man muss frei vom Wort sein. Und um schauen zu können, bedarf es der Stille, sonst können Sie nicht wirklich sehen. Wenn Sie Ihre Frau oder Ihren Mann anblicken, werden alle Erinnerungen an Freude oder Leid das Schauen stören. Nur wenn Sie ohne ein Bild schauen, entsteht eine Beziehung. Ihr verbales Bild und das verbale Image des Anderen können keine Beziehung zueinander haben. Sie existieren nicht.

QUELLEN

Angst: BW 73-77
Anstrengung: WE 162-165
Aufmerksamkeit: SL 23f.
Beziehungen: BW 25-27; SL 19f., 27-29
Denken: WE 51-54; SL 26f.
Disziplin: WE 27-31, 86-89
Ehe: SL 112f.
Eifersucht: DR 119-125
Einsamkeit: BW 81-84
Erinnerungen: SL 22f.
Erneuerung: WE 105-108
Erziehung: WE 8-12
Faulheit: WE 131f.
Freiheit: WE 16-19; SL 22; 28
Glückseligkeit: DR 91
Handeln: BW 33-37
Image: SL 18-26
Intelligenz: WE 19-21
Keuschheit: SL 89-91
Kreativität: BW 55-58
Liebe: WE 145-148; SL 24f.; WE 99f.
Loslassen: SL 156-158
Macht: BW 27-31
Meditation: DR 79ff.

Religion: WE 138f., 184f.
Schönheit: WE 60-63; 136-138
Selbsterkenntnis: BW 49-52, 79f.
Sex: SL 66-73
Vergnügen: SL 33-48
Verstehen: SL 26
Verwirrung: WE 135f.
Wirklichkeit: WE 101f.
Worte: SL 19f.

BW: Jiddu Krishnamurti, Jenseits der Bilder und Worte. Beziehungen verstehen und verwandeln, Aus dem Englischen von Anne Ruth Frank-Strauss, © Verlag Herder, Freiburg/Basel/Wien 2003. (Titel der Originalausgabe: On Relationship © 1992 Krishnamurti Foundation Trust Ltd. and Krishnamurti Foundation of America.)

DR: Jiddu Krishnamurti, Liebe gleicht dem Duft der Rose, Aus dem Englischen von Anne Ruth Frank-Strauss, © Verlag Herder, Freiburg/Basel/Wien 2000/2006. (Titel der Originalausgabe: Freedom, Love, and Action © 1994 Krishnamurti Foundation Trust Ltd., Brockwood Park, Bramdean, Hampshire SO24 OLQ, England.)

SL: Jiddu Krishnamurti, Der Spiegel der Liebe. Begehren, Zärtlichkeit und Keuschheit, Aus dem Englischen von Wulfing von Rohr, Verlag Herder, Freiburg/Basel/Wien 2007. (Titel der Originalausgabe: The Mirror of Relationship: Love, Sex, and Chastity – A Selection of Passages from the Teachings of J.Krishnamurti © 1992 Krishnamurti Foundation of America, P.O. Box 1560, Ojai, California 93024, USA.)

WE: Jiddu Krishnamurti, Das Wesentliche ist einfach. Antworten auf Fragen des Lebens, Herausgegeben von D. Rajagopal, Aus dem Englischen von Wulfing von Rohr, © Verlag Herder, Freiburg/Basel/Wien 2005. (Die amerikanische Originalausgabe erschien 1970 bei Harper & Row, Publishers, New York, unter dem Titel Think on these Things – Krishnamurti Ed. D. Rajagopal, © 1964 Krishnamurti Foundation of America, P.O. Box, Ojai, California 93024 USA. Diese Ausgabe ist die mit freundlicher Genehmigung der Krishnamurti Foundation leicht gekürzte Bearbeitung des 1992 beim Verlag Hermann Bauer erschienenen Titels Antworten auf Fragen des Lebens.)

Die in der Einleitung zum diesem Buch angefertigte Lebensskizze ist folgenden Biografien über Jiddu Krishnamurti entnommen: Mary Lutyens, Krishnamurti. Die Biografie, Aquamarin Verlag, Grafing 1991; Jean Overton-Fuller, Krishnamurti. Der Geist weht, wo er will, Aquamarin Verlag, Grafing o.J.; Peter Michel, Krishnamurti. Freiheit und Liebe. Annäherung an ein Geheimnis, Aquamarin Verlag, Grafing 1992.

Krishnamurti Foundation Trust Ltd.
Brockwood Park, Bramdean, Hampshire
SO24 OLQ, England.
E-mail: info@kfoundation.org
Website: www.kfoundation.org

Krishnamurti Foundation of America
P.O. Box 1560, Ojai, California 93024 USA
E-mail: kfa@kfa.org.
Website: www.kfa.org

Zusätzliche Informationen über Krishnamurti Schulen, Rückzugsorte oder weitere Publikationen sind erhältlich bei den oben genannten Stiftungen.

Für weitere Informationen über Jiddu Krishnamurti und die Krishnamurti Stiftungen weltweit besuchen Sie bitte:

www.jkrishnamurti.com